JN068103

文部科学省後援

2024年版 B検

ビジネス能力検定
ジョブパス
3級
公式試験問題集

一般財団法人 職業教育・キャリア教育財団 監修

日本能率協会マネジメントセンター

刊行にあたって

一般財団法人 職業教育・キャリア教育財団
理事長　福田　益和

本財団は、2012 年 4 月に財団法人 専修学校教育振興会から名称を変更し、一般財団法人 職業教育・キャリア教育財団となりました。旧財団は、30 年以上にわたり専修学校教育の発展に寄与し、新財団では、その教育的資産を引き継ぎ、広く社会に対して職業教育・キャリア教育の振興に資する活動を行って参ります。その理念の核として文部科学省後援ビジネス能力検定（通称、B 検）があります。

ビジネス能力検定は、生涯学習の浸透にともない、これまでも専門学校生をはじめとして社会人、大学生、短大生など幅広い層からの受験者を迎えてきました。昨今の DX をはじめとした社会・経済環境の急速な変化のもと、職業教育・キャリア教育の必要性と重要性がますます高まっております。職業教育・キャリア教育の推進のツールとして役割を果たしていくために、2013 年度からプログラム全体を再構築し、ビジネス能力検定ジョブパス（通称、B 検ジョブパス）と試験名称を変更して新たなカリキュラムおよび試験形式に変更すべきとの結論に至りました。今後も学生や社会人のキャリアビジョンを構築し、充実したキャリアを形成していくと同時にビジネス能力の向上が図れるようビジネス能力検定ジョブパスを実施して参ります。

また、2015 年 10 月より２級・３級にもインターネットに接続されたパソコンで受験が可能なＣＢＴ方式を導入し、試験日を自由に選択できる形態を導入しました。これまでより大幅に受験機会が増え、学習プランが組み立てやすくなります。

『ビジネス能力検定ジョブパス公式試験問題集』を活用されることにより、より多くの方々がビジネス社会において有為な人材として活躍されることを祈念いたします。

ビジネス能力検定ジョブパス 試験概要

2024年1月末現在の情報です。

ペーパー方式[*1]　2級・3級

●実施級・試験日・出願期間

	実施級	試験日	出願期間
前期試験	2級・3級	7月第一日曜日（全国一斉）	4月1日～5月中旬
後期試験	2級・3級	12月第一日曜日（全国一斉）	9月1日～10月中旬

●試験時間

級	説明時間	試験時間
3級	10：20～10：30	10：30～11：30（60分間）
2級	12：50～13：00	13：00～14：30（90分間）

●合格発表

2級・3級	前期試験：8月下旬　　後期試験：1月下旬

＊1　2022年度からペーパー方式は団体受験のみとなりました。個人受験をご希望の方は、CBT方式をご利用ください。

CBT方式　1級・2級・3級

●実施級・試験日・出願期間

実施級	試験日		出願期間
1級	前期	9月初旬～中旬[*2]	団体：試験実施日の2週間前まで 個人：試験実施日の3週間前まで
	後期	2月初旬～中旬[*2]	
2級・3級	団体：試験日、試験開始時刻は随時自由に設定可。 個人：指定会場により試験日、試験開始時刻が異なります。 （詳細はホームページをご覧ください。）		

＊2　団体受験：上記のうち試験センターが指定する期間内で、自由に設定できます。
　　個人受験：上記のうち試験センターが指定する期間内で、指定会場が設定する試験日です。

ＣＢＴ方式とは：CBT（Computer Based Testing）方式は、パソコン画面で受験できる試験方式です。（インターネットに接続できる環境が必要となります。）

●試験時間

級	説明時間	試験時間
1級	10分間	90分間
2級		
3級		60分間

●合格発表

1級	前期試験：10月下旬　　後期試験：3月下旬
2級・3級	試験終了ボタンを押すと、その場で合否結果を表示

受験料（税込み）

級	3級	2級	1級
金額	3,000円	4,200円	8,500円[*3]

＊3　1級受験料優遇措置：2級合格者が一定期間内に受験する場合は、5,500円（税込み）となります。（ただし、1回限り）

◆ ペーパー方式2級合格者の優遇対象期間
2級合格者が1年以内に受験する場合。
例）2024年度前期2級合格者：2024度前期、2024年度後期のいずれかの期間で1回。

◆ CBT方式2級合格者の優遇対象期間

2級試験日（＝合格登録日）	優遇対象となる1級試験回
1月1日～7月31日	試験日の年の前期試験（9月） 試験日翌年の後期試験（2月）　のいずれか1回
8月1日～12月31日	試験日翌年の後期試験（2月） 試験日翌年の前期試験（9月）　のいずれか1回

なお、優遇措置を使った1級出願手続きは、システムの都合上、2級試験日（合格登録日）の翌々日から可能です。（1級の出願期間は、B検ホームページにて確認ください。）

受験対象

1級・2級・3級	どなたでも受験できます。

出題形式

ペーパー方式	2級・3級	解答マークシート方式
CBT方式	1級	解答記述入力方式
	2級・3級	解答選択方式

合格基準

1級	60 / 100点[*4]
2級	65 / 100点
3級	70 / 100点

各級とも100点満点

＊4　配点得点：体系的知識問題50点、実践応用問題50点のうち、体系的知識問題25点、実践応用問題20点以上の得点が必要で、体系的知識問題で基準点に満たない場合、実践応用問題は採点されません。

※最新の情報は、下記ホームページでご確認ください。

一般財団法人 職業教育・キャリア教育財団　検定試験センター
〒102-0073　東京都千代田区九段北4-2-25 私学会館別館
TEL：03-5275-6336　　FAX：03-5275-6969
（休日：土・日・祝日および年末・年始）
URL：https://bken.sgec.or.jp/

目次
Contents

第２編 演習問題② 仕事の実践とビジネスツール

第３編 過去の試験問題

第1編

演習問題①
ビジネスとコミュニケーションの基本

1 キャリアと仕事へのアプローチ

問1 次の設問に答えなさい。

（1）キャリア形成の考え方について適切なものを選びなさい。

【選択肢】

ア．会社に就職すると配属や仕事の内容はすべて会社が決めるため、自分で考える必要はない。

イ．将来なりたい姿を思い描きながら仕事に真剣に取り組み成果を上げることで、自分でキャリアを築くことができる。

（2）仕事と責任の考え方について適切なものを選びなさい。

【選択肢】

ア．多くの仕事は組織（チーム）で行われる。個々人はチームのメンバーとしてそれぞれの能力を期待どおりに発揮し、自らの職務をやり遂げることについて責任を負っている。

イ．社会人の行動には責任が伴う。万一職務に失敗すれば責任を負わされることになるため失敗は許されない。失敗の恐れがある新しいことや難しいことに挑戦するのは慎むべきである。

問2 次の設問に答えなさい。

（1）「キャリア」の説明として適切なものを選びなさい。

【選択肢】

ア．キャリアとは職業や技能の経験であり、個人の生き方や考え方、人間関係と密接にかかわるものである。

イ．キャリアは「職業、専門的職業」という意味であるため、職業以外の個人の人生とは関係なく決まるものである。

（2）「職業倫理」の説明として適切なものを選びなさい。

【選択肢】

ア．職業倫理は、職業人の規範として会社の利益を優先して判断し行動することを求めている。

イ．職業倫理は、その職業に関して守るべき法律やルール、および社会の規範に従って善悪を正しく判断し行動することを求めている。

問3　次の設問に答えなさい。

（1）契約条件についてお客さまの勘違いがあったことからトラブルになった。この対応として適切なものを選びなさい。

【選択肢】

ア．責任ある社会人として任された仕事のトラブルは自分で解決しなければならないため、だれにも相談せず対処した。

イ．トラブルが発生していることを上司に報告し、指示に従って対処した。

ウ．契約のトラブルに詳しい先輩に、お客さまに非があることを説明し、指示に従って対処した。

（2）お客さまから、「あるサービスをしてくれれば当社と契約する」と持ちかけられた。そのサービスは、法令には違反していないが業界のルールに反したものだった。この対応として適切なものを選びなさい。

【選択肢】

ア．法令に違反していなければ、業界のルールに反しても罪に問われることはないため、お客さまの要望を優先してサービスを提供する。

イ．業界のルールに反することは信頼を失うことにもつながるため、お客さまにそのサービスは提供できないことを説明する。

ウ．会社とお客さま以外に知られなければ業界のルールに反していることもわからないため、お客さまの要望を優先して慎重にサービスを提供する。

キャリアと仕事へのアプローチ

解答・解説

（１）イ （第１章第１節）

ア― キャリアは自分の意思のみでは決定・選択できませんが、会社の判断のみで決まるものでもありません。会社の中にもさまざまな役割（職種、必要とされる能力）があります。

イ― 自分が将来どういう職業や役割を担っていきたいか、どういう人生を送りたいかをイメージし、それに向かって努力を重ねることで自分らしいキャリアを形成することができます。

（２）ア （第１章第２節）

ア― 個々人は、チームのメンバーとして自らの職務をやり遂げることについて責任を負います。他のメンバーの仕事の進行にも気を配り、連携をとりながら組織としての目標達成に貢献することが大切です。

イ― 職務に失敗すれば会社にとって負担になりますが、失敗の恐れがあることに挑戦しないということでは、世の中の変化に対応して会社を継続・発展させることはできません。

（１）ア （第１章第１節）

ア― キャリアは、自分はどういう人間なのかという生き方そのものにつながります。

イ― キャリアは、職業や技能の経験を意味しますが、職業上の経験だけでなく個人の生き方や考え方とかかわり合って形成されます。

（２）イ （第１章第２節）

ア― 会社の利益を優先するあまり守るべき法律やルールおよび社会の規範に反

した判断や行動をすることは、会社にとっても自分にとってもよい結果を招きません。

イ― 善悪を正しく判断し行動するためには、法律、ルール、社会の規範をしっかりと学び、つねにそれを守る意識をもつことが大切です。

(1) イ (第1章第2節)

ア― 仕事は組織(チーム)で行っています。自分に任された職務であっても、定期的に上司に報告を行う必要があります。とくにトラブルが発生した際には自分だけで背負おうとしてはなりません。

イ― トラブルが発生した場合はただちに上司に報告し、指示を仰ぐことが大切です。

ウ― 解決のために自ら最善をつくすのは当然のことであり、チームの協力を得ることも考える必要があります。しかしその際にも、まず上司に報告し、上司の指示を仰いだうえで先輩や同僚に協力を求めることが基本です。

(2) イ (第1章第3節)

ア― 会社は法令だけでなく、業界で定めたルールを守ることも必要です。これをコンプライアンス(法令順守)といいます。

イ― コンプライアンスを守ることで、お客さまから融通がきかないと思われ、取引の機会を失うこともあるかもしれません。しかし、会社および会社を構成する社員には、ルールを守って公正に活動することが求められます。

ウ― コンプライアンス違反が発覚すれば取り返しのつかない信用問題になり、会社に大きなダメージを与えます。不公正・不透明な取引活動はつねに禁止されています。

2 仕事の基本となる８つの意識

問1 仕事の基本となる８つの意識について、次の空欄にあてはまるものを選択肢から選びなさい。

（1）決められた期日を守り、余裕をもって仕事を進めるために、［　　　　］をもつことが重要である。どのような仕事でも必ず期限を確認し、段取りを決めて計画的に取り組むことである。

（2）仕事をするうえでは、今の状態をあたりまえとして受け止めるのではなく、このままでよいのかという問題意識をもつことが重要である。ムダ・ムリ・ムラを取り除こうとする［　　　　］が大切である。

（3）会社の活動には人件費や材料費などの費用がかかる。すべて売上を上げるために必要な経費だが、利益を圧迫することにもなる。価値を生み出さない活動を切り捨ててムダをなくし、最大の成果をねらうには［　　　　］が欠かせない。

（1）～（3）の選択肢

ア．納期意識　　イ．目標意識
ウ．危機意識　　エ．改善意識
オ．コスト意識　カ．売上意識

問2 仕事の基本となる８つの意識（顧客意識、品質意識、納期意識、時間意識、目標意識、協調意識、改善意識、コスト意識）について、次の設問に答えなさい。

（1）８つの意識の関係について適切なものを選びなさい。

【選択肢】

ア．８つの意識で優先すべきものは「品質意識」である。品質さえよければお客さまが求めてくれるのだから、品質のためにほかのことが少々犠牲になるのはやむを得ない。

イ．８つの意識で優先すべきものは「顧客意識」である。「会社の都合」を優先するのではなく、お客さまにとって役に立つ商品やサービスは何かということをつねに重視することが大切である。

（2）「顧客意識」についての説明のうち適切なものを選びなさい。

【選択肢】

ア．お客さまが求めている商品やサービスを提供するためには、お客さまの話を聞き、すべていうとおりにすることが大事である。社会のできごとや競争相手を意識するのは好ましくない。

イ．お客さまが求めているものを理解するためには、お客さまの要望に耳を傾け、お客さまの説明や態度から「本当はどうしてほしいのか」を考えることが大切である。

仕事の基本となる８つの意識について、①〜⑥のうち適切な組み合わせを答えなさい。

①仕事の基本となる８つの意識はつねにすべてを完全に満たすことを求めることよりも、場合に応じてバランスをとることが重要である。

②納期を守るためであっても、他者の助けを求めることは他者の仕事に悪影響を与えることになるため、与えられた仕事は必ず自分の力で終える。

③多少時間がかかっても丁寧に作業をすることで仕事を正確に行いミスを減らせば、結果として時間のムダを減らすことができる。

④組織として達成すべき大きな目標が重要であり、個人が日々の小さな目標を立てても管理が煩雑になるだけである。

⑤各自が同じ目標に向かい、グループの日程や仕事の管理の仕方、報告の仕方などのルールを守ることで協調した組織となる。

⑥仕事のやり方はこれまで最善とされた方法であっても条件や環境の変化によって変える必要が出てくるため、つねに改善意識をもつことが大切である。

【選択肢】

ア．①、③、⑤、⑥

イ．①、②、④、⑤

ウ．②、③、⑤、⑥

仕事の基本となる8つの意識

解答・解説

問1（第2章第1節）

（1）ア（納期意識）―仕事の期日を納期といいます。納期を守ることが信頼につながります。社外のお客さまだけでなく社内の仕事相手に対しても同様です。また、時間を有効に使いムダをなくすという時間意識も大切です。

（2）エ（改善意識）―仕事には、永遠にこのままでよいという方法は存在しません。お客さまのニーズの変化、技術の進歩や競争環境の変化などに合わせ、つねに改善できるところがないかを考えて工夫する意識が大切です。

（3）オ（コスト意識）―最小のコストで最大の成果をねらうことで、会社は利益を拡大して成長できます。売上を上げるために際限なく費用をかけたのでは、会社の経営は成り立ちません。会社の活動にはつねにコストがかかることを意識し、コストを減らすよう工夫することが求められます。

問2

（1）イ （第2章第1節）

ア― 8つの意識で優先すべきものは顧客意識です。品質だけよければよいということはありません。納期やコストなどの要求がバランスよく満たされなければ、せっかく高品質な製品やサービスを提供しても、お客さまにとってはまったく意味のないものとなることもあります。

イ― 製品をつくる、商品を売る、サービスを提供するといった活動は、すべてお客さまあってのことです。お客さまが欲しくない商品や満足できないサービスは求められません。

（2）イ （第2章第2節）

ア― お客さまが求めている商品やサービスを提供するためには、社会のできごとや時代の要求するもの、競争相手の動きなどに関心をもち、お客さまの意識や行動の変化をつかむことも大切です。

イ—お客さまとの対話のなかから、「困りごと」や「したいこと」を探り、それを解決するための商品やサービスを提案します。「こちらが売りたいもの」を一方的に押し付けても、お客さまの満足にはつながりにくいものです。

ア（①、③、⑤、⑥）（第2章第1節、第3節、第4節、第5節）

①—仕事の基本となる8つの意識は、つねに完全に満たすものではなく、仕事や状況に応じ優先順位やバランスを考えることが大事です。

②—納期を守るためには、自分一人の手に負えない仕事はいつまでも抱えこまず、上司に相談して他者の力を借りることも必要です。

③—時間意識は、何でも「急ぐ」ということではありません。仕事を正確に行ってミスを減らすことで、時間のムダを減らすことができます。

④—組織の大きな目標を達成するためには、個人が日々の小さな目標を立てて実現し、その積み重ねを組織の成果に結びつけることが大事です。

⑤—職場には、協調して仕事を進めるための約束ごとがあります。ルールやコミュニケーションのマナーを守り、目標に向かってチームが1つになることで協調しやすくなり、お互いの信頼が築かれていきます。

⑥—仕事の条件や環境が変われば、今まで最善とされたやり方でもムダやムリが出てくるようになります。絶えず改善することで仕事のムダ・ムリ・ムラを取り除きましょう。

第❶編 演習問題① ビジネスとコミュニケーションの基本

3 コミュニケーションとビジネスマナーの基本

問1 コミュニケーションについて次の設問に答えなさい。

（1）社会人のコミュニケーションについて不適切なものを１つ選びなさい。

【選択肢】

ア．職場の同僚とは個人的なことを話し合える関係づくりが大切である。

イ．受け身ではなく自分から積極的にコミュニケーションをはかる。

ウ．社内・社外の多様な人の立場の違いを認識する必要がある。

（2）円滑にコミュニケーションをとることについて不適切なものを１つ選びなさい。

【選択肢】

ア．周囲の人に対しては自分からあいさつし、質問や自分なりの意見を積極的に発信する。

イ．初めて担当する仕事の手順は上司や先輩から素直に教わり、謙虚な姿勢を示すことが大切である。

ウ．仕事を進めるうえで、個人的な好き・嫌いといった感情へのこだわりが必要である。

問2 ビジネスマナーについて次の設問に答えなさい。

（1）ビジネスマナー全般について不適切なものを１つ選びなさい。

【選択肢】

ア．ビジネスマナーの基本は、「人に迷惑をかけない」「人に敬意をはらう」「人に好感を与える」ことである。

イ．お客さまと話すときは、一般的に親しみがもてるように友人と話すような話し方がよい。

ウ．ことばづかいなど表面的な形だけでなく、「思いやり」の心がともなうことが大切である。

（2）身だしなみについて不適切なものを１つ選びなさい。

【選択肢】

ア．髪型、服装や靴などは清潔で相手に不快感を与えないことを心がける。

イ．ビジネスの場ではスーツが基本であるが、作業服や制服が指定されている場合はそれらを着用する。

ウ．できるかぎり高級な服装にすることで接する相手からの信頼を得られる。

（3）職場でのコミュニケーションについて不適切なものを１つ選びなさい。

【選択肢】

ア．作成した資料を先輩に確認してもらいたいときは、「恐れ入りますが、資料をご確認いただけませんでしょうか」という。

イ．上司へ提出する報告書を忘れていたときは、「申しわけございません。報告書の提出を明日まで待ってください」という。

（4）おじぎとあいさつについて不適切なものを１つ選びなさい。

【選択肢】

ア．お客さまにおわびをするときは、会釈をして「大変、申しわけございません」という。

イ．上司の座席に行って用件を伝えたあとは、会釈をして「失礼いたします」という。

問3　職場で気をつけることについて次の設問に答えなさい。

（1）会社の物品・備品に関して適切なものを１つ選びなさい。

【選択肢】

ア．ボールペンなどの文房具は会社の備品であるが、安価な消耗品のため私用にも使っている。

イ．新商品の発売になり、会社で廃棄することが決まった旧商品を持ち帰った。

ウ．会社から貸与された携帯電話は取引先や社内の業務連絡に使い、私物の携帯電話は友人や家族との私用連絡に使っている。

（2）健康管理について<u>不適切なもの</u>を１つ選びなさい。

【選択肢】

ア．仕事上で人に迷惑をかけないため、また自分の能力を十分に発揮するために、食事や睡眠を規則正しくとっている。

イ．定期的に健康診断を受診していれば、十分な健康のチェックができる。

ウ．ストレスを感じた場合、必要に応じて医師やカウンセラーなどの専門家に相談して解決するとよい。

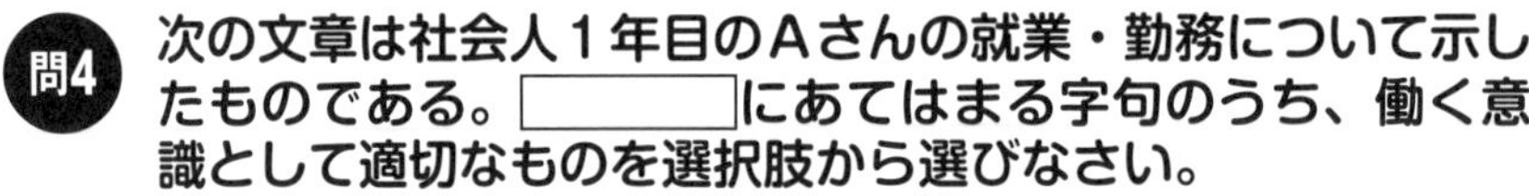

問4　次の文章は社会人１年目のAさんの就業・勤務について示したものである。［　　　］にあてはまる字句のうち、働く意識として適切なものを選択肢から選びなさい。

（1）Aさんは、普段どおりの時間に起床して［　①　］自宅を出発したが、通勤の電車が遅れて10分ぐらい遅刻しそうになった。Aさんは、会社に［　②　］。出社後、仕事を進めていたところ、終業時間が近づいたが仕事は終わっていなかった。Aさんが上司に［　③　］したところ、今日は退社して明日仕事の残りをやるよう指示を受けた。

①～③の選択肢

ア．急いで　　　イ．余裕をもって

ウ．連絡しなかった　　エ．連絡した

オ．報告　　カ．質問

（２）Ａさんは、３週間後に運転免許証の更新期限が来るため、仕事に差し支えのない日に早退して指定の警察署に行こうと考えた。そして早退する日を決め、［①］に上司の許可を得て、会社で定められている［②］を出した。

①、②の選択肢

ア．事前　　イ．事後

ウ．届　　エ．日報

（３）Ａさんの職場では、来週開催されるお客さま向けの展示会の準備をしている。Ａさんや職場の人たちは日ごろから［①］に仕事が終わるようにしているが、今週は大変忙しくなっている。上司から命令があり、先輩に［②］するために、週末の土曜日に休日出勤した。

①、②の選択肢

ア．残業時間内　　イ．就業時間内

ウ．相談　　エ．協力

（４）Ａさんは、旅行のために盆休みに有給休暇をとりたいと思っている。しかし、［①］が忙しい時期だったので、周囲と調整して２週間遅らせてとることにした。休暇中にもＡさんが担当している伝票処理の仕事があるため、上司に相談し同僚に［②］した。

①、②の選択肢

ア．世間　　イ．職場

ウ．依頼　　エ．指示

3 コミュニケーションとビジネスマナーの基本

解答・解説

（1）ア （第3章第1節）

ア— 職場の同僚とは、個人的なことも話し合える友人関係より、まずお互いに尊重して仕事を進めていける人間関係が求められます。

イ— 社会人のコミュニケーションは、周囲の人から声をかけられるのを待つだけの受け身では不十分です。自立した人として自分の存在を周りに示すために積極的にコミュニケーションをとることが大切です。

ウ— 社会人になると、社内では上司・先輩・同僚など、社外ではお客さま・取引先など、コミュニケーションの相手が多様になります。立場、年齢、価値観が違うことを認識し、良好な関係を築くことが大切です。

（2）ウ （第3章第2節）

ア— 仕事は周囲にいる職場の上司、先輩、同僚、部下と協力してはじめて進められるものです。そのためには、周囲にあいさつして声をかけて、質問して状況を知り、自分の意見やできることを発信することが大切です。

イ— 上司や先輩は経験があるため、仕事の手順や気をつけなければならないことを知っています。わからないことは素直に聞いて教わりましょう。上司や先輩は自分の仕事を中断して教える時間をとっています。メモをとる、教えてもらう時間を相手に合わせるといった気づかいが大切です。

ウ— 職場の一人でも個人的な好き・嫌いといった感情だけで仕事をしていると、職場全体の目標が達成できません。職場の組織の一員として協力する心がまえが必要です。

（1）イ （第3章第1節、第5節）

ア— 社会人は、時間や納期を守るなど人に迷惑をかけないことが求められます。

さらに相手の仕事の経験などを理解し敬意をはらったり、相手に受け入れてもらえるような言動をしたり、好感を与えるマナーを身につけることが求められます。

イ— 友人と話すような話し方と親しみがもてる話し方とは別ものです。ビジネスマナーは、自分の視点で良し悪しを判断するのではなく、相手の立場に立ったものでなければなりません。

ウ— 尊敬語・謙譲語・丁寧語の正しいつかい分けに加えて、清潔で好感のもてる身だしなみ、適切なおじぎ、相手に対する気づかいなど、きちんとしたビジネスマナーで接しましょう。

（2）ウ　（第3章第4節）

ア— 個人の趣味や高級感よりも、清潔感のある髪型や服装を選びましょう。

イ— 製造業や接客業などでは作業服や制服、髪型が指定されていたり、装飾品を付けないなどルールが決められている職場もあります。服装のルールには、作業をするうえで自分たちの安全を確保したり、お客さまに商品やサービスを提供するうえで衛生・品質を保証するなどの理由があります。理由を理解して、ルールをきちんと守りましょう。

ウ— とくに新人の場合、社内の人や社外の取引先、お客さまに対して、謙虚に接することが基本です。過度に高級な服装は相手に信頼されるどころか、逆に不快感を与えてしまいます。

（3）イ　（第3章第5節）

ア— 上司や先輩、同僚など他の人に対して、資料を確認してもらったり、相談のための時間をとってもらったりするときには、「恐れ入りますが、……」など、ひと言声をかけましょう。相手の仕事を中断して自分のために時間をとってもらうのですから、相手の都合を聞いてからお願いするような配慮が必要です。また、あらかじめ相手にお願いする内容と必要な時間を伝えておくと、相手も予定が立ちスムーズに進みます。

イ— 報告書を忘れたというミスがあった場合には、言いわけをしないで、まず「申しわけございません」とおわびをします。つぎにどのようにミスを取り返すかを伝え、相手からの信頼を回復するようにします。自分のミスで納期を遅らせることはあってはならないことです。「至急、報告書を作成して提出いたします」と伝え、ミスを取り返す努力をしましょう。

（4）ア　（第３章第６節）

ア―お客さまにおわびをするときは、軽いあいさつとされる会釈では失礼になります。あらたまったあいさつとされる丁寧礼（最敬礼）をすべきです。

イ―上司の座席に行って用件を伝える場面では、一般的には会釈でよいでしょう。ただし必要と感じるときは、より丁寧なおじぎを心がけましょう。

（1）ウ　（第３章第７節）

ア―会社の備品は、安価な物であっても私用に使ってはなりません。公私をきちんと区別しましょう。

イ―廃棄することが決まっても、商品は会社の資産です。勝手に持ち帰るなど私物にしてはなりません。開発段階の商品であった場合は、会社の機密がもれる恐れもあります。

ウ―友人や家族との私用連絡には、当然、私物の携帯電話を使います。ただし就業時間中は、原則、私用電話をしてはなりません。病気や事故など緊急で私用電話が必要なときは、上司に了承を得るか、短時間で電話をすませてから私用電話で席を外した旨を上司に報告するようにしましょう。

（2）イ　（第３章第７節）

ア―自分の健康はまず自分で管理します。日々の食事や睡眠を規則正しくとることは、社会人が実行すべき健康管理の基本です。

イ―健康診断の受診は健康管理の１つですが、これだけでは不足です。普段から体重の変化や顔色の変化に注意し、自分で健康チェックを行いましょう。体調や精神状態がすぐれないときには自発的に医療機関で受診することも必要です。

ウ―ストレスは、放っておくと仕事や生活に支障をきたす深刻な事態にもなります。「自分は大丈夫」と過信しないで、必要に応じて専門家に相談しましょう。

（1）（第３章第８節）

①　**イ（余裕をもって）**―始業時間には職場の全員がそろって業務を開始できる

ように、余裕をもって行動するようにします。

② **エ（連絡した）**—個人的な理由であっても交通機関などの事情であっても、遅刻するようなときはすみやかに上司や職場に連絡します。遅刻の理由、現在地、会社に到着できる予定時刻を伝えます。

③ **オ（報告）**—勤務中は上司や先輩からの指示を受けて仕事をします。終業時間が近づいたら切りのよいところで片づけをしますが、仕事が終わっていない場合は上司に報告し、指示を仰ぎます。

(2)（第3章第8節）

① **ア（事前）**—あらかじめ遅刻・早退がわかっているときは、事前に上司から許可を得る必要があります。不在中に発生する業務は、前もってすませる、あるいは上司に相談し同僚に依頼するなどしておきましょう。

② **ウ（届）**—遅刻・早退、休暇などの際には、上司の許可を得てから会社で定められている書式の届を提出します。

(3)（第3章第8節）

① **イ（就業時間内）**—残業は、目標の達成に向けて一所懸命に働いているという点では評価されるかもしれませんが、反面、残業代や照明空調費などの経費が発生することになります。仕事は就業時間内に終わらせることが基本です。

② **エ（協力）**—必要な残業や休日出勤については、上司の命令に従いましょう。

(4)（第3章第8節）

① **イ（職場）**—有給休暇をとるときは、周囲の迷惑にならないよう十分に配慮しましょう。上司に相談し、仕事を調整して計画的に有給休暇をとることが望ましいです。

② **ウ（依頼）**—休暇中の仕事については、あらかじめ周囲の人に状況を伝えておき、頼まなければならないことなどは休暇前に必ず依頼しておきます。

4 指示の受け方と報告、連絡・相談

問1 次の設問に答えなさい。

（1）指示の受け方の例として適切なものを選びなさい。

【選択肢】

ア．上司から仕事の指示があったが、別の仕事が忙しかったため仕事の手を休めずに聞いた。その後、余裕ができたときに指示内容のメモを作成し、上司に確認してもらった。

イ．上司の指示を受け指示どおりに仕事を進めた。しかし、途中で迷う部分が出てきたため、上司に質問をしてあらためて指示を受けた。

（2）報告・連絡の例として適切なものを選びなさい。

【選択肢】

ア．外出中の上司から電話で同じチームのＡさんへ伝言を依頼された。そこで、用件のメモをとりＡさんの机の見やすい場所に置いたが、念のため、Ａさんが戻った際に上司からの電話について口頭で伝えた。

イ．上司から電子メールで指示を受けたが、普段から受けた指示は必ず実行しており、忙しい上司に電子メールを読む時間をとらせるのは迷惑であるため、指示の電子メールを見た旨の返信はしなかった。

（3）相談について適切なものを選びなさい。

【選択肢】

ア．仕事の進め方でどうしてもうまくいかないところがあり先輩に相談したが、なかなか解決策を教えてくれなかった。これではお互いに時間のムダになるため、「結論を言ってください」と回答をうながした。

イ．任された仕事を進めるうち、どのようにしたらよいか迷う部分が出てきたため、経験豊富な職場の先輩に相談することにした。相談する前に今どういう状況で、どのような点に迷っているのかについてメモにまとめた。

問2 報告・連絡に関する次の説明文の＿＿＿＿部について、誤っている箇所を【選択肢1】から選び、正しい記述を【選択肢2】から選びなさい。

指示を受けた仕事が長期間にわたる場合には、その仕事の途中経過を報告する。担当している仕事について問題を発見したり指摘されたときには、上司に伝える。報告・連絡は、相手の状況にかかわらずただちに行う必要がある。

【選択肢1】

ア．途中経過　　　イ．相手の状況にかかわらず

【選択肢2】

ア．実施結果　　　イ．相手の状況に配慮して

問3 次の設問に答えなさい。

（1）報告・連絡・相談について適切なものを選びなさい。

【選択肢】

ア．口頭での報告は内容が不確実となるため必ず文書で行う。

イ．仕事の内容ややり方に関して疑問が生じたら上司や先輩に相談する。

（2）報告についての次の説明のうち適切なものを選びなさい。

【選択肢】

ア．複数の事項について報告するときは時間順ではなく、重要度の高い順に伝える。

イ．口頭報告は、まず経過や理由を説明してから結論を述べる。

指示の受け方と報告、連絡・相談

解答・解説

（1）イ （第４章第１節）

ア― 上司から仕事の指示を受けるときは、上司の指示に集中します。仕事をしながら耳だけを向けたり、指示を漫然と聞いたりしてはなりません。

イ― 上司の指示に関して途中で不明な点が出たり迷ったりすることがあった場合には、そのままにしないで上司に質問をしてあらためて指示を受けるなど、臨機応変な対応が必要です。

（2）ア （第４章第１節、第２節）

ア― メモを使って伝言を行った場合、あとで必ず本人に連絡して確実に伝わるようにしましょう。

イ― 電子メールは、送信した相手が確実に見たかどうかはわからないものです。電子メールで指示を受けたときは、まず指示を受けた時点で、指示が間違いなく自分に伝わった旨の返信を必ずするようにしましょう。

（3）イ （第４章第３節）

ア― 先輩や上司は、あなたからの相談に乗るとき、「もっと力を伸ばそう」という教育的な立場から対応します。相談する際には、結論を相手に求めるのではなく、ヒントをもらうつもりで相談しましょう。

イ― 相談の際には、相談事項はあらかじめ整理し自分の考えをまとめておきます。そして、相手の都合を聞いてから相談するようにします。また、問題が解決したときには、相談した相手に結果を報告しましょう。

問2 （第４章第２節）

イ（相手の状況にかかわらず）、イ（相手の状況に配慮して）―仕事について問題を発見したり指摘されたときには、ささいなことでも自分勝手に判断せずに上司に伝えましょう。ただし、報告・連絡の際には、相手も手が離せないこともあるため、相手の状況に配慮することが大切です。

（1）イ　（第4章第2節）

ア― 報告は、文書だけでなく口頭で行う場合もあります。口頭で報告をするときは、5W2H（※）でまとめたメモを見ながら行うとぬけがなくなります。

イ― 疑問を解消しないまま仕事を進めると、勘違いや問題点の見落としが起き、大きな失敗につながることがあります。早いうちに上司や先輩に相談して解決することが大切です。

（※）5W2H

When（いつ）：日時、時間はいつか
Who（誰）：だれからだれにあてたものか
Where（どこで）：どこで行われるのか、どこで行われたのか
What（何を）：何の目的か、何を伝えたいのか
Why（なぜ）：どんな理由か
How（どのように）：どんな方法・手段で行われるのか
How much（いくらで）または How many（いくつ）：どのくらいの費用がかかるのか、またはいくついるのか

（2）ア　（第4章第2節）

ア― 複数の事項について報告するときは、重要度の高いものから伝えます。

イ― まず結論を述べてから経過や理由を説明するのが、わかりやすい口頭報告を行う基本です。

5 話し方と聞き方のポイント

問1 次の設問に答えなさい。

（1）話し方の基本について不適切なものを１つ選びなさい。

【選択肢】

ア．同僚には学生ことばを用いたり、少しくだけた話し方をしたりする。

イ．話す場所や相手の人数に合わせた声の大きさで話す。

ウ．相手の表情に注意し、目を見ながら気持ちをこめて話す。

（2）内容を正確に伝える話し方について不適切なものを１つ選びなさい。

【選択肢】

ア．時間と相手の都合を考えながら順序立てて手短に話す。

イ．外来語や専門用語、業界用語、略語などを多く用いて話す。

ウ．伝える目的を明確にして要点を整理して話す。

（3）内容を正確に伝える話し方について不適切なものを１つ選びなさい。

【選択肢】

ア．「したがって」「確かに」などの接続詞や副詞を的確につかって話す。

イ．話している内容を相手が理解しているかどうかを確認しながら話す。

ウ．自分のペースで話すことで話のテンポがよくなる。

（4）先輩に対することばづかいについて適切なものを選びなさい。

【選択肢】

ア．A先輩は気さくな人で気心も知れているが、職場では丁寧な言葉づかいで話す。

イ．A先輩は気さくな人で気心も知れているため、くだけた言葉づかいで話す。

（5）お客さまに対することばづかいの例として適切なものを選びなさい。

【選択肢】
ア．「こちらがお探しの商品です。どうぞ拝見してください」
イ．「お買い上げありがとうございます。またのお越しをお待ちしております」

（6）お客さまに対することばづかいの例として適切なものを選びなさい。

【選択肢】
ア．「部長のＢはただ今席をはずしております」
イ．「Ｂ部長は今席におりません」

問2　次の設問に答えなさい。

（1）上司に対することばづかいについて適切なものを１つ選びなさい。

【選択肢】
ア．出張報告書を提出するときに、「Ａ部長、出張報告書を作成しましたので、お目通しください」と言った。
イ．会議中の飲み物をたずねるときに、「Ａ部長、何をいただきますか」と言った。
ウ．明日の予定をたずねるときに、「Ａ部長、明日はＢ社にうかがわれますか」と言った。

（2）お客さまに対することばづかいについて<u>不適切なもの</u>を１つ選びなさい。

【選択肢】
ア．「承知いたしました。それでは、明日、私がそちらに参ります」
イ．「ただ今、担当が席をはずしておりますので、私がご用件を承ります」
ウ．「ご注文の商品がご用意できましたので、いつでも来てください」

（3）次の動詞（左）と尊敬語（右）に関する組み合わせで不適切なものを選びなさい。

【選択肢】

ア．言う ――おっしゃる

イ．行く ――参る

ウ．する ――なさる

問3 次の設問に答えなさい。

（1） 次の［　　　］にあてはまる字句を選択肢から選びなさい。

自分が、お客さまに対して自分自身のことを話す場合には［ ① ］をつかい、自分がお客さま自身の行動や動作などを話すときには［ ② ］をつかう。

①、②の選択肢

ア．尊敬語　　イ．謙譲語

（2） 敬語をつかううえで不適切なものを1つ選びなさい。

【選択肢】

ア．そのときどきの人間関係を判断してつかい分ける。

イ．名詞はすべて「お」や「ご」をつけると丁寧な表現になる。

ウ．相手のことを気づかい、敬う気持ちをこめてつかう。

問4 次の設問に答えなさい。

（1）相手の話を聞くときの態度について不適切なものを1つ選びなさい

【選択肢】

ア．書類を見たり、パソコンで作業をしながら話を聞く。

イ．相手の話の目的や理由などを考えながら聞く。

ウ．適度に相づちを打ったりうなずいたりする。

（2）相手の話を聞くときの態度について不適切なものを1つ選びなさい。

【選択肢】

ア．相手の立場や気持ちなども考えながら聞く。
イ．相手の話の重要な点などのメモをとりながら聞く。
ウ．相手が何を一番言いたいのかをことばだけで判断する。

（3）話の相手が間違ったことをいっていると思ったときの対応について適切なものを選びなさい。

【選択肢】

ア．間違っていることを話していると思った直後に、「間違っています」と意見をいう。
イ．話が終わったときに、間違っていると思った点について「……ということですが」と確認する。

（4）相手の意見と自分の意見が異なっている場合の対応について適切なものを選びなさい。

【選択肢】

ア．「そんなはずはありません。私は……だと思いますが」
イ．「よくわかります。しかし、私は……だと思うのですが」

問5 次の質問は「Yes/Noの質問」または「5W2Hの質問」のどちらにあてはまるか。「Yes/Noの質問」はア、「5W2Hの質問」はイを選択しなさい。

①展示会に出展する商品を明日までにお持ちすればよろしいですか。
②展示会はいつ行われますか。
③展示会はどこで行われますか。
④展示会には何を出展しますか。
⑤展示会の主な来場者は20歳代の若い方々ですか。

話し方と聞き方のポイント

解答・解説

（1）ア　（第5章第1節）

ア— ビジネスでは、お互いの意思が通じなければ仕事にならず、成果も期待できません。このため、つかうことばが大切です。職場では、年齢も価値観も違う人がいっしょに働いています。日常生活ではとくに問題にならないことばづかいでも、職場では違和感や抵抗感をもたれてしまうことがあります。したがって、同僚に対しても、学生ことばはつかわず職場にふさわしいことばを用いるのが適切です。

イ— 正しく意思を伝えるためには声も大切な要素です。話す場所や相手の人数に合わせ、はっきりとした声で伝えましょう。

ウ— 一方的に話すのではなく、相手の反応を見ながら、自分の感情をこめて伝えることにより相手の理解を得ることができます。

（2）イ　（第5章第1節）

ア— 時間と相手の都合を考えながら、話す目的、結論、その理由など順序立てて話すことによって、相手は正しく理解できます。

イ— だれもがよく理解していることばで話すことが基本です。話すときには、外来語、専門用語、業界用語、略語、流行語、隠語などを多用しないようにします。

ウ— 話す目的を明確にして、要点を整理しながら、さらに具体例を交えて話すことにより、相手が自分の話をしっかりと理解できるようになります。

（3）ウ　（第5章第1節）

ア— 接続詞や副詞を適切に使用することにより、話にメリハリがつき、相手が聞きやすくなります。ただし、無意味に多用すると話の論点が不明確になるため、注意が必要です。

イ— 相手の表情や反応を見て、相手の理解を確認しながら話すことが大切です。

相手が自分の話を理解しているかどうかわからない場合には、表現を変える、ゆっくりと話すといったことが必要です。

ウ— 相手と話をするということは、言葉のキャッチボールをすることです。一方的に話していては、相手と意思がうまく通じ合いません。相手の反応を見ながら、適切な「間（ま）」を入れて話すことも必要です。

（4）ア（第5章第2節）

ア— 職場の先輩には、丁寧な話し方を心がける必要があります。たとえば、自分が外出することを伝える場合には、「Aさん、（私は）今日の午後、B社に新商品の説明に行って参ります」などと言います。

イ— 職場では、たとえ親しい先輩であったとしても丁寧なことばづかいを心がける必要があります。

（5）イ（第5章第4節）

ア—「こちらがお探しの商品です。どうぞご覧ください」が正しい言葉づかいです。「拝見する」という言葉は、自分が「見る」ことを相手に対して一段下げる（へりくだる）場合につかう謙譲語です。

イ—「お越し」は「来る」の尊敬語でお客さまに対してつかいます。「来る」の謙譲語は「参る」や「うかがう」です。

（6）ア（第5章第4節）

ア— お客さまに対しては、社内の人は身内（自分側）であり、上司であっても自分の会社の人には敬語をつかいません。社内の人が外出している場合には、「（わたくしどもの）Bはただ今出かけております」といったことばづかいをします。

イ—「部長のBはただ今席におりません」または「部長のBはただ今席をはずしております」が正しいことばづかいです。そのときどきの人間関係をすばやく判断し、ことばづかいに反映させることが重要です。

（1）ア（第5章第2節）

ア— 上司に書類を見てもらうときには、「お目通しください」または「ご覧ください」という尊敬語をつかいます。

イ— 上司に食べ物や飲み物を選んでもらうときには、「何を召し上がりますか」という尊敬語をつかいます。

ウ— 上司に行くかどうかをたずねるときには、「いらっしゃいますか」という尊敬語をつかいます。

（2）ウ（第5章第4節）

ア— お客さまに自分が「行く」ことを伝えるときには、「参ります」「うかがいます」という謙譲語をつかいます。

イ— お客さまに自分が「聞く」ことを伝えるときには、「承ります」「うかがいます」「お聞きします」などの謙譲語をつかいます。

ウ— お客さまには「来てください」ではなく、尊敬語を用いて「お越しください」をつかいます。「来る」の尊敬語「お越し」に、お客さまへのお願いなので「ください」を添えます。

（3）イ （第5章第4節）

ア— 「言う」の尊敬語は「おっしゃる」であり、相手がお客さまの場合、相手のことについて話すときには尊敬語を用います。たとえば、「お客さまが、そうおっしゃいました」のように用います。

イ— 「参る」は「行く」の謙譲語です。「行く」の尊敬語は「いらっしゃる」「おいでになる」です。たとえば、「お客さまは、明日そちらにおいでになりますか」のように用います。

ウ— 「する」の尊敬語は「なさる」「される」です。たとえば、「お客さまが、そうなさいました」のように用います。

（1）（第5章第3節）

① **イ（謙譲語）—** お客さまに対して自分自身のことについて話すときには、へりくだる表現である謙譲語をつかいます。

② **ア（尊敬語）—** お客さまに対してお客さま自身のことについて話すときには、相手に敬意を表す尊敬語をつかいます。

（2）イ（第5章第3節）

ア— 敬語は、時と場所、相手などによってつかい方が変わるため、状況に応じて正しくつかい分けることが必要です。

イ— すべての名詞に「お」や「ご」をつければ丁寧になるわけではありません。外来語やその言葉自体に尊敬の意味があるもの（「貴職」など）、尊敬の意味をもたせる必要のないもの（「紙」など）にはつけません。

ウ— 敬語は相手に対して敬意をはらい、心をこめてつかうことが大切です。

（※）ことばそのものが変化する尊敬語と謙譲語の例

状況に応じて正しいつかい方ができるように、しっかりと用法を身につけておきましょう。

動詞	尊敬語	謙譲語
行く	いらっしゃる、おいでになる	うかがう、参る
来る	いらっしゃる、お見えになる、お越しになる、おいでになる	うかがう、参る
居る	いらっしゃる	おる
見る	ご覧になる	拝見する
する	される、なさる	いたす
帰る	お帰りになる	失礼する
会う	お会いになる	お目にかかる
知っている	ご存知である	存じている、存じ上げる
食べる	召し上がる	いただく
与える	くださる	差し上げる
思う	お思いになる、お考えになる	存じる

（1）ア （第5章第5節）

ア— 相手の話を聞くときは、ほかの仕事の手を止めて聞くことが大切です。その際は、相手の目をしっかりと見ることで、相手はこちらが話をきちんと聞いてくれていると判断し、話す意欲が高まり積極的に話してくれるようになります。

イ— なぜ自分に話しているのかを考えながら聞くことで、相手の話がより理解しやすくなり、円滑なコミュニケーションにつながります。

ウ— ときどき相づちを打ったり、うなずいたりすることで聞いている姿勢を示せます。それを見て、相手は安心して話してくれるようになります。

（2）ウ　（第5章第5節）

ア― 相手の立場や気持ち、状況を考えながら話を聞くことにより、話をきちんと理解することができるようになります。

イ― 理解できなかったことについては、相手の話を聞き終えたうえで質問をします。

ウ― 相手が何を一番言いたいのかは、ことばだけではなく話の全体、話すときの表情などから判断する必要があります。

（3）イ　（第5章第5節）

ア― 相手が間違っていることを話していると思ったとしても、その場ですぐに反論せずに最後までしっかりと聞き、まずは受け入れます。つぎに、相手がそのように考える背景や理由について質問し、理解したうえで自分の意見を述べることが重要です。

イ― 相手の話を聞くときには、相手を尊重しているという態度を示すことが重要です。したがって、たとえ相手が間違ったことを話していると感じた場合でも、まずは最後まで話を聞きます。

（4）イ　（第5章第5節）

ア― 相手の話を頭ごなしに否定するのではなく、まずは受け入れます。これにより、相手からは好意的に受け取られ信頼も得られるため、自分の意見を聞いてくれるようにもなるはずです。

イ― 相手の意見と自分の意見が異なっている場合には、まず相手が主張する理由などについて質問し、しっかりと理解することが大事です。相手の主張を尊重したうえで、自分と相手との考え方の違いがどこにあるかを明確にしながら相手に伝えましょう。

問5　（第5章第5節）

① **ア（Yes/Noの質問）**―「展示会に出展する商品を明日までにお持ちすればよろしいですか」の質問に対しては、「はい、明日までで結構です」もしくは「いいえ、明後日までに持ってきてください」のように「はい（Yes）、いいえ（No）」で答えることができます。

② **イ（5W2Hの質問）**―「展示会はいつ行われますか」は、5W2Hの質問の「いつ（When）」により日時を確認する質問です。

③ **イ（5W2Hの質問）**―「展示会はどこで行われますか」は、5W2Hの質問の「どこで（Where）」により場所を確認する質問です。

④ **イ（5W2Hの質問）**―「展示会には何を出展しますか」は、5W2Hの質問の「何を（What）」により出展する物を確認する質問です。

⑤ **ア（Yes/Noの質問）**―「展示会の主な来場者は20歳代の若い方々ですか」の質問に対しては、「はい、20歳代の若い方々です」もしくは「いいえ、30歳代から40歳代の方々です」のように「はい（Yes）、いいえ（No）」で答えることができます。

（※）効果的な質問の仕方

① Yes／Noの質問	「明日までお待ちいただけますか」
② 5W2Hの 質問	「いつごろですか」「どこで行われますか」 「何件ありましたか」

6 来客応対と訪問の基本マナー

問1 次の設問に答えなさい。

（1）受付や接客時の対応として適切なものを選びなさい。

【選択肢】

ア．用件はお客さまの目をしっかり見ながらうかがう。

イ．失礼にあたらないよう、お客さまと直接目を合わせないように注意して接する。

（2）来客への接し方として適切なものを選びなさい。

【選択肢】

ア．不意の来客に対しても、できるかぎり待たせないように配慮する。

イ．事前のアポイントのない来客は、社内には案内せずその場でお断りする。

（3）自社を訪問したお客さまを見送る場合について適切なものを選びなさい。

【選択肢】

ア．面談が終わりあいさつを交わしたあとはエレベーターや玄関の場所を伝え、応接室の前で丁寧にお礼を言って見送るようにする。

イ．面談が終わりあいさつを交わしたあとはエレベーターの前か玄関前まで行き、「失礼いたします」と頭を下げて見送るようにする。

（4）ビジネスにおける面談に対する心がけとして適切なものを選びなさい。

【選択肢】

ア．面談の場がなごむように世間話などを長めに話すことを心がける。

イ．前置きは短めにしてすぐに用件に入るよう心がける。

問2　次の［　　　］にあてはまる字句を選択肢から選びなさい。

（1）お客さまを案内するときは、自分は［　　　］を歩くように心がける。
（2）お客さまとエレベーターを降りるときは、自分は［　　　］に降りるようにする。

（1）、（2）の選択肢

ア．お客さまの2～3歩前　　イ．お客さまの横
ウ．お客さまよりあと　　エ．お客さまより先

（3）応接室では、入口のドアから見て［　　　］が上座になる。
（4）応接室でお客さまに着席してもらう場合は、［　　　］をすすめる。

（3）、（4）の選択肢

ア．遠いほう　　イ．近いほう
ウ．ひじ掛いす　　エ．ソファ

（5）名刺を渡すときは、［　　　］に向けて、自己紹介などの言葉を添える。
（6）ビジネス上の紹介では、立場の低いほうや［　　　］を先に紹介する。
（7）名刺は［　　　］、または、面会を申し出た側が先に出すのがマナーの基本である。

（5）～（7）の選択肢

ア．自分が読める方向　　イ．相手が読める方向
ウ．身内にあたるほう　　エ．身内にあたらないほう
オ．目下の人　　カ．目上の人

問3　電話で他社を訪問する約束（アポイントメント）をとる際の手順について適切な順番となっているものを選びなさい。

①訪問目的の伝達：新任のあいさつ、新商品の説明など、訪問の目的を具体的に相手に伝える。
②自己紹介：自分の会社の名前、所属部署、氏名（肩書）を相手に伝える。

③訪問日時の決定：ある程度幅をもたせてこちらの希望の日程を提示し、相手に選んでもらう。

④所要時間の確認：先方のスケジュールとこちらの希望を調整し、面談などの所要時間を決める。

⑤訪問場所の確認：訪問する際に、社内のどの部署をたずねればよいか確認する。

【選択肢】

ア．① → ③ → ② → ④ → ⑤

イ．② → ③ → ④ → ① → ⑤

ウ．② → ① → ③ → ④ → ⑤

問4 次の設問に答えなさい。

（1）他社を訪問するときの確認事項として不適切なものを１つ選びなさい。

【選択肢】

ア．訪問先の住所、電話番号、交通手段、訪問先までの所要時間などを確認しておく。

イ．訪問の目的に沿って、必要な資料の準備や訪問先の情報を確認する必要がある。

ウ．アポイントメントをとったときに決めた内容について、再度、先方に対して確認をするのは失礼にあたる。

（2）取引先への訪問当日の注意事項として不適切なものを１つ選びなさい。

【選択肢】

ア．当日訪問できないような事情が生じたときは、わかった時点ですみやかに先方に連絡する。

イ．訪問直前のキャンセルは、正当な理由がある場合はマナー違反ではない。

ウ．前の面談が長引いたり交通渋滞にあったりする可能性も考え、約束の５分前には先方に到着しておく。

問5 次の設問に答えなさい。

アルファ産業に入社し、営業部に配属され1年が経った田中は、部品を納入しているベータ工業のA工場に一人で出張することになった。今まで出張は先輩の鈴木係長に同行していたため、一人での出張は今回が初めてである。

今回の出張にあたって、田中は鈴木係長から次のような指示を受けていた。

1. 今回の訪問の目的は、納入部品の仕様変更に関するベータ工業からの問い合わせへの対応である。A工場を訪問して現場の担当者の話を詳しく聞いてきてほしい。
2. 今回の仕様変更への対応は、内容しだいで製造部など関係部門の協力も必要となる。関係部門に対する出張前の準備と事後のフォローをしっかり行ってほしい。
3. A工場の現場担当者の意見を聞くことは、今後のサービス向上やクレームの事前防止にも役立つ。問い合わせのあった部品のほかにも質問や要望がないか確認してほしい。

当日の面談では、A工場の現場担当者から、ベータ工業が仕様変更を依頼したい部品がパーツCであることや、仕様変更の内容自体はそれほど大きなものではないことについての説明があった。また現在、ベータ工業では、別のパーツDについてもアルファ産業に発注することを検討しているため、見積書を送付してほしいという依頼があった。そのほか、田中には答えられない部品に関する技術的な質問がいくつかあったため、後日の回答を約束して面談を終えた。

翌日、田中は最初に出張報告書の作成を始めたが、あらためて書いてみるとメモしきれなかった点が何点か見つかり、それらを調べるのに時間がかかり、出張報告書の完成に数時間を要した。そのあと、パーツDの見積書の作成および郵送、A工場の現場担当者の質問に対する回答の電子メール送付といった業務を急いでこなした。

面談の際、ベータ工業の要望はごく簡単な部品の微調整に思えたため、田中はA工場の担当者にすぐに対応可能であるだろうと話していた。しかし、製造部からは、生産ラインの一部に改造が必要になるため対応には数か月を要するとの回答があった。

（1）ベータ工業の担当者との面談を受けて、出張後に先方に伝えておくべきこととして不適切なものを１つ選びなさい。

【選択肢】

ア．面談の相手に対する時間をとっていただいたことへのお礼をする。

イ．仕様変更や見積書の送付といった依頼への対応に関する今後の見通しを連絡する。

ウ．面談時にメモしきれなかった内容をすべて先方に問い合わせる。

（2）出張後の田中が優先して行うべき業務として不適切なものを１つ選びなさい。

【選択肢】

ア．面談の場で保留にしてきた質問に回答する。

イ．出張旅費を精算する。

ウ．見積書の送付など取引先からの依頼に対応する。

（3）製造部からの回答を受けて、田中がベータ工業の担当者にするべきこととして不適切なものを１つ選びなさい。

【選択肢】

ア．面談の場でのあいまいな発言を訂正する。

イ．自社の製造部の対応が遅いことについて説明する。

来客応対と訪問の基本マナー

解答・解説

（1）ア （第６章第１節）

ア―受付や接客の際には、笑顔で出迎え、名前を聞いたり名刺をいただいた場合は復唱します。

イ―受付や接客の際には、相手の目をしっかり見ながら用件をうかがいます。

（2）ア （第６章第１節）

ア―約束のある来客に対してだけでなく、不意の来客に対してもすみやかに担当者に確認し、待たせない配慮をします。

イ―事前のアポイントがない不意の来客に対しても笑顔であいさつし、相手の目を見る、相手の名前を復唱するなど受付の基本的なマナーを守りましょう。

（3）イ （第６章第２節）

ア―面談が終わりあいさつを交わしたあとは、エレベーターの前または玄関前まで見送ります。

イ―エレベーターの前か玄関前まで行き、頭を下げて「失礼いたします」とあいさつします。エレベーターの前では扉が閉まるまで見送ります。

（4）イ （第６章第３節）

ア―少しでも話しやすい雰囲気にすることは大切ですが、お客さまの時間をムダにしないために、世間話が長すぎないように配慮します。

イ―面談は、前置きは短めにしてすぐに用件に入るのが原則です。話をする順序はあらかじめ組み立てておき、必要な資料も準備しておきます。

問2 （第６章第２節、第４節、第５節）

（1）ア（お客さまの２～３歩前）―お客さまを案内するときは、自分はお客さまの２～３歩前の端を歩くように心がけます。ときどき振り返りながら先導し、お客さまの目の前を歩くことは避けるようにします。

（2）ウ（お客さまよりあと）―お客さまとエレベーターに乗るときは、自分はお客さまより先に乗り、「開」のボタンを押してお客さまに乗っていただき、行き先の階数のボタンを押します。また、降りるときには、エレベーターの中にお客さまを一人にしないように、お客さまに先に降りていただきます。

（3）ア（遠いほう）―応接室では、入口のドアから遠いほうが上座になります。お客さまには上座に座っていただくよう、さりげなくすすめます。

（4）エ（ソファ）―応接室にソファとひじ掛いすがある場合、お客さまにはソファをすすめ、自分自身や上司はひじ掛いすに座るようにします。

（※）応接室の席次

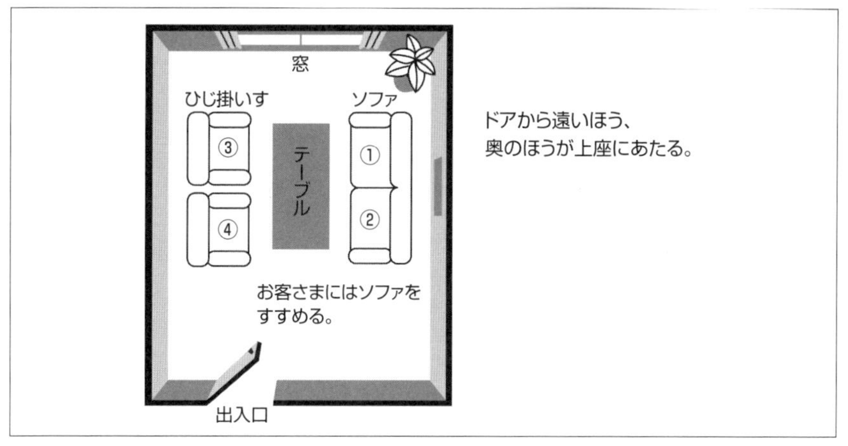

（5）イ（相手が読める方向）―名刺は、相手が読める方向に向けて渡し、「○○株式会社、営業部の××と申します。どうぞよろしくお願いいたします」といった自己紹介とあいさつを添えます。

（6）ウ（身内にあたるほう）―ビジネス上の紹介では、立場の低いほうや身内にあたるほうを先に紹介します。たとえば、担当者を課長へ、年少者を年長者へ、自社の人を他社の人へ紹介するのが原則です。

（7）オ（目下の人）―名刺は、目下の人、または、面会を申し出た側が先に出すのがマナーです。ただし、状況によっては、同時に名刺交換を行う場合もあります。順番に名刺交換する場合と、同時に名刺交換する場合の方法は下図のとおりです。

（※）名刺交換の仕方

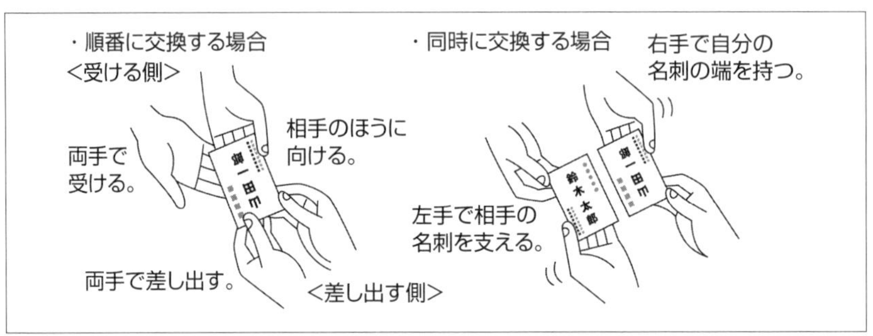

問3（第６章第５節）

ウ（②→①→③→④→⑤）—電話で訪問の約束（アポイントメント）をとる手順は、最初に自己紹介し、次に訪問目的を伝え、その後で訪問日時の決定、所要時間の調整、訪問場所の確認を行います。訪問日時は先方の都合に合わせるのが原則ですが、こちらの都合もあるため、ある程度幅をもたせた日時を提案し、相手に選んでもらいましょう。所要時間は訪問日時が決まってから、先方のスケジュールが空いている範囲で決めることが基本となりますが、30分や1時間など、こちらの希望を伝えたほうが決めやすくなることもあります。先方の状況に合わせて柔軟に対応しましょう。

（1）ウ（第６章第３節、第５節）

ア—訪問当日にあわてることがないよう、訪問先の住所、電話番号、交通手段、訪問先までの所要時間などは必ず事前に確認しておきましょう。

イ—当日配布する資料は、面談の出席者全員分を用意します。また、先方の会社概要、経営方針、過去からの取引状況なども、できるかぎり把握しておくように努めます。

ウ—事前に先方に面談内容の確認をするのは失礼にはあたりません。とくにアポイントメントをとった日から時間が経っている場合は、訪問予定日の前に訪問先の担当者に連絡し、最終的な確認を行いましょう。

（2）イ（第６章第3節、第5節）

ア― 急な事情により当日訪問できなくなったときは、わかった時点ですみやかに先方に連絡し、おわびをしたうえで、あらためて日時の調整をお願いします。

イ― どれほど正当な理由がある場合でも、直前のキャンセルは相手の印象を大変悪くしますので、極力避けるようにします。

ウ― 社会人として、どのような事情があっても遅刻はしないように心がけましょう。約束の５分前には先方に到着しておく習慣をつけるようにします。

問5（第６章第３節、第5節）

（1）ウ

ア・イ― 面談した相手へのフォローとして、早めに電話や電子メールなどで、時間をとっていただいたことへのお礼を伝えます。また、依頼された事項への対応時期の確認や対応可能時期なども伝えます。

ウ― 面談中に相手が話した内容はきちんとメモをとるのが基本です。後日電話などでもう一度話してもらうのは、失礼にあたります。

（2）イ

ア― 面談の場で返事を保留した質問については、出張後すぐに上司や関係部門に確認しできるだけ早く先方に回答することが大切です。

イ― 出張旅費の精算も必要な業務であり遅くならないように注意すべきですが、とくに急ぐのは相手先への対応です。

ウ― 見積書の送付などの依頼された事項は、出張から帰ったらすぐに上司や関係部門に報告・相談し、できるだけ早く先方へ連絡することが大切です。

（3）イ

ア― 面談の場でのあいまいな発言や不正確な発言は、電話などで先方にすみやかにおわびし、訂正します。

イ― 自社の組織や社内の事情について、先方の時間をとって話すようなことはしてはなりません。先方の問い合わせに対する回答を、自分が確認した内容にもとづいて丁寧に説明します。

7 会社関係でのつき合い

 次の設問に答えなさい。

（1）取引先との会食における心がけとして適切なものを選びなさい。

【選択肢】

ア．これからの自分の業務に生かせるよう、仕事の話に集中する。

イ．聞き上手を実践し、話題の選び方に配慮する。

（2）取引先との会食のマナーとして適切なものを選びなさい。

【選択肢】

ア．食事中にナイフとフォークを置く場合は、皿の上にハの字形に置く。

イ．ナイフとフォークが数本ずつ並べられている場合は、内側から順に使用する。

（3）取引先との会食中のコミュニケーションにおける心がけとして適切なものを選びなさい。

【選択肢】

ア．食べることに集中しすぎて、まったく話をしないということがないようにする。

イ．会話を楽しむことが目的であり、食事の進行に気を使う必要はない。

（4）業務終了後の上司や同僚との食事や酒席での心がけとして適切なものを選びなさい。

【選択肢】

ア．お金の貸し借りは避け、原則、自分の分は自分で支払う。

イ．ストレスの発散のためには、上司、先輩、同僚の悪口も許される。

（5）業務終了後に上司や同僚との酒席に参加する場合の心がけとして適切なものを選びなさい。

【選択肢】

ア．お酒にあまり口をつけていない人は遠慮をしている場合が多いため、酒席が全体的に盛り上がるようにお酒を積極的にすすめる。

イ．酒席への参加者のなかにはお酒に弱い人もいるため、お酒にあまり口をつけていない人には無理にお酒をすすめない。

問2 次の設問に答えなさい。

（1）慶事におけるマナーとして不適切なものを１つ選びなさい。

【選択肢】

ア．祝電・生花の手配

イ．白い礼服の着用

ウ．招待状へのすみやかな返信

（2）弔事におけるマナーとして不適切なものを１つ選びなさい。

【選択肢】

ア．男性の場合、黒の礼服と白いネクタイを着用する。

イ．女性の場合、黒の小物類で統一する。

ウ．受付などで弔意を表明する。

会社関係でのつき合い

解答・解説

（1）イ （第7章第1節）

ア— 取引先との会食は、日ごろのビジネスから離れて親睦を深めるための場として活用しましょう。

イ— 会食中はできるだけ聞き役に回り、聞き上手を心がけ、だれにでも関心のもてる話題を選びましょう。

（2）ア （第7章第1節）

ア— 食事中にナイフとフォークを置く場合は皿の上にハの字形に置き、食事が終わったときは皿の上にナイフとフォークをそろえて置きます。

イ— ナイフとフォークが数本ずつ並べられている場合は、外側から順に使用します。気持ちよく会食を進めるためにも基本的なマナーを守りましょう。

（3）ア （第7章第1節）

ア— 食べることに集中しすぎて、まったく話をしないのは失礼にあたります。食事のマナーに気を配りながら、会話を楽しむことを心がけましょう。

イ— 会食の目的は、楽しい会話を通じて取引先との親睦を深めることですが、話に夢中になりすぎないように食事のペースに気を配ります。

（4）ア （第7章第2節）

ア— 職場の人間関係を良好に保つためにも、お金のやり取りには注意が必要です。お金の貸し借りは避け、原則、自分の分は自分で支払うようにしましょう。

イ— たとえ職場の仲間との酒席であっても、よりよい人間関係をつくるためには人の悪口を言わないようにしましょう。

（5）イ （第7章第2節）

ア― お酒に弱い人もいるため、あまり口をつけていない人に無理にお酒をすすめてはなりません。

イ― 無理にお酒をすすめないことのほか、お酒の勢いでの軽率な発言や行動は慎みましょう。

（1）イ （第7章第2節）

ア― 式にだれが出席するかは先方との関係や行事の内容で決まりますが、祝電・生花などの準備が必要です。

イ― 白の礼服は新郎新婦が着用するものであり、男性の場合は略式のダークスーツ、女性の場合はセミアフタヌーンドレスなどが一般的です。

ウ― 慶事への招待を受けたときは、できるかぎりすみやかに返信するように心がけます。

（2）ア （第7章第2節）

ア― 弔事の服装は、男性の場合は黒の礼服に黒無地のネクタイが一般的です。

イ― 女性の場合は、黒のアフタヌーンドレスが正式であり、小物類も黒で統一します。

ウ― 式場で受付をする場合は、まず「このたびはご愁傷（しゅうしょう）さまです」と弔意を述べ、香典や供物を差し出します。

第2編

演習問題②
仕事の実践とビジネスツール

1 仕事への取り組み方

問1 次の□にあてはまる字句を選択肢から選びなさい。

仕事を正確かつ確実に進めるために、仕事の［（1）］を正しく理解することが必要である。また、上司から指示を受けるときには必ずメモを用意し、理解できないときにはその場で［（2）］する。

（1）、（2）の選択肢

ア．影響　　イ．目的

ウ．質問　　エ．点検

問2 次の業務は、「定型業務」または「非定型業務」のどちらにあてはまるか。「定型業務」はア、「非定型業務」はイを選択しなさい。

①新規顧客開拓

②毎日の受注伝票作成

③クレーム対応

④定期的な取引先訪問

⑤新商品の企画・開発

問3 次の設問に答えなさい。

（1）スケジュールの立て方について不適切なものを1つ選びなさい。

【選択肢】

ア．全体の仕事量と納期を確認したが納期が厳しい状況であったため、余裕は考慮せずにスケジュールを立てた。

イ．自分の予定だけでなく、仕事のパートナーである同僚のスケジュールも書きこんだ。

ウ．月間予定表に毎月定期的に行う業務を書きこんだうえで、新たな仕事の納期と期間を書きこんだ。

（2）マニュアルについて不適切なものを1つ選びなさい。

【選択肢】

ア．マニュアルに沿って業務を行うことによりミスの発生を防止し、職場全体の仕事の品質を一定に保つことができる。

イ．マニュアルは定型業務を行ううえで欠かせないものであり、これまでの経験の蓄積から考え出された最適な方法をまとめたものである。

ウ．自分が担当する仕事はマニュアルに沿って行いさえすれば、お客さまの満足を得ることができる。

（3）仕事を効率的に進めるうえで不適切なものを1つ選びなさい。

【選択肢】

ア．郵便物は一度にまとめて処理するなど、同種類の仕事または関連のある仕事はまとめて行う。

イ．会議の議事録や報告書など繰り返し使用するビジネス文書であっても、自分の独創性を出すため毎回作成し直す。

ウ．納期が先の仕事についても、忙しい時期に備えてあらかじめできる仕事は余裕のあるうちにすませておく。

（4）スケジュール管理について不適切なものを1つ選びなさい。

【選択肢】

ア．お客さまと次回の訪問日時を約束したが、つぎの訪問先の時間が迫っていたため次回訪問予定は帰社後に手帳に記入した。

イ．会社の創立記念日などの年間行事や月次の定例会議など、事前に決まっている予定はすべて手帳に記入する。

ウ．優先順位や緊急度が高い仕事については、はっきりとわかるように色を変えて手帳に記入する。

（5）ファイルの整理について<u>不適切なもの</u>を１つ選びなさい。

【選択肢】

ア．ファイルした資料はすぐに取り出して使用できるように整理・整頓（せいとん）する必要がある。

イ．情報の活用頻度や使用目的に応じて最適な方法でファイルすることが必要である。

ウ．一度ファイルした資料は、担当が変わるまですべて保管しておくことが必要である。

問4 次の設問に答えなさい。

（1）パソコンによる情報管理について<u>不適切なもの</u>を１つ選びなさい。

【選択肢】

ア．パソコンによる情報管理とは、情報を収集・蓄積し、どの情報が必要でどの情報が不要かを取捨選択して整理していくことである。

イ．パソコンを使用して情報ネットワークを活用するためには、どのような目的で情報を収集するかを理解する必要がある。

ウ．パソコンを使用して情報を収集するうえでは情報の量が重要なため、収集した情報をすべて蓄積・保存しておくことが必要である。

（2）パソコンを利用するうえで適切なものを１つ選びなさい。

【選択肢】

ア．パソコンにインストールされたコンピュータウイルス対策ソフトでウイルスチェックが行われていることを確認してから業務を開始した。

イ．パソコンに見知らぬファイルが作成されていることに気づいたが、とくに対策はせずにパソコンを使用した。

ウ．昼の休憩から戻ってすぐに業務にとりかかれるように、パソコンで作成中の文書ファイルを開いたまま席を離れた。

問5 次の［　　　］にあてはまる字句を選択肢から選びなさい。

（1）パソコンやネットワークの利用にあたり、［　　　］を考えて他人がアクセスしないようパスワードを設定する。

【選択肢】

ア．安全面　　　　　イ．効率面

（2）パソコンがコンピュータウイルスに感染した場合、パソコンに保存されている［　　　］が流出する恐れがある。

【選択肢】

ア．メモリー　　　　イ．機密情報

問6 次のケースを読んで、設問に答えなさい。

ＡＢＣ電機では、２か月後に発売予定の新商品導入の準備を行うために、プロジェクトチームを立ち上げた。プロジェクトリーダーにはマーケティング部長の浜田が就任し、プロジェクトチームのメンバーには営業部の石田、広報部の河野、技術部の及川、商品企画部の山中が選任された。

プロジェクトチームの第1回目の会議が2月15日に招集され、プロジェクトリーダーの浜田より、メンバーに対して、プロジェクトチーム立ち上げの目的、推進体制、スケジュールについて説明があったのち、以下の事項について決定した。

1．定例会の議事録は、メンバーが交替で文書作成ソフトでまとめ、メンバーと所属する部門の上司あてに電子メールで送付する。第１回の議事録は、営業部の石田が作成を担当する。

2．新商品の発表会を約１か月後の３月20日に実施し、販売店の担当者を招待する。広報部の河野が案内状を作成し、販売店の担当者に電子メールで送付する。

石田は、会議の翌日、会議の議事録を文書作成ソフトでまとめた後、プロジェクトメンバー全員に電子メールの添付ファイルで一斉に送信した。その翌日、石田が出社しパソコンの電子メールソフトを立ち上げると、ＡＢＣ電機の大阪営業部の川野より、「昨日、プロジェクト会議の議事録を受信した。ファイルを開き、内容を確認したが、当方には心あたりはなかった。電子メールのあて先を、会議に出席した広報部の河野さんと間違えたのではないか」という内容の電子メールを受信した。石田は、電子メールを送信する際に、送信先の［(3)］を確認しなかったことを反省し、今後は、必ず確認することを肝(きも)に銘(めい)じた。

同じ日に、広報部の河野は、新商品の発表会の案内状の原稿を作成し、浜田に原稿の内容について確認してもらった。その後浜田から、「この案内状を明日、電子メールの添付ファイルで販売店の担当者に一斉に送付するように」と指示を受けた。指示を受けた河野は、案内状を送る準備にとりかかった。

（1）石田がプロジェクトメンバーあての議事録を送付する際に、メンバーの所属する部門の上司にも送る場合、電子メール送信画面上、適切な指定先を選びなさい。

【選択肢】

ア．TO　　イ．CC　　ウ．BCC

（2）河野が電子メールで一斉に販売店の担当者に新商品の発表会の案内状を送付する際に、電子メール送信画面上、適切な指定先を選びなさい。

【選択肢】

ア．TO　　イ．CC　　ウ．BCC

（3）ケース本文中の［(3)］に入る適切な字句を選択肢から１つ選びなさい。

【選択肢】

ア．電話番号と役職

イ．氏名と電子メールアドレス

ウ．氏名と住所

（4）議事録を作成後、石田は電子メールで送信する前に議事録のファイルについてどのような対応をすべきであったか。適切なものを選びなさい。

【選択肢】

ア．議事録のファイルにはパスワードを設定し、添付した電子メールの本文にパスワードを記入することで、受信者が電子メールを受信後すぐに議事録のファイルを開けるようにする。

イ．議事録のファイルにはパスワードを設定し、添付した電子メールとは別の電話などの手段でパスワードを伝えることで、ほかの人には議事録のファイルを開くことができないようにする。

1 仕事への取り組み方

解答・解説

 （第１章第１節）

（1） イ（目的） （2） ウ（質問）

イ・ウ—仕事に取り組むうえで重要なことは、正確かつ確実であることです。そのためには、仕事の目的を正しく理解し、疑問点はその場で必ず質問して自分がわかるまで確認します。

問2 （第１章第２節）

① イ ② ア ③ イ ④ ア ⑤ イ

① **イ—**非定型業務とは前例のない業務、または、前例はあっても場面に応じて担当者が最適な判断などをしなければならない業務のことをいいます。新規顧客開拓は前例のない業務であるため、非定型業務です。

② **ア—**定型業務とは、あらかじめ仕事の手順や形式などが決められていて、スケジュールに従って定期的に繰り返される業務をいいます。毎日の受注伝票作成は仕事の手順や形式が決められて定期的に繰り返されるため、定型業務です。

③ **イ—**クレーム対応は場面に応じて最適な判断をする必要があるため、非定型業務です。

④ **ア—**定期的な取引先訪問はスケジュールに従って繰り返される業務であるため、定型業務です。

⑤ **イ—**新商品の企画・開発は前例がない業務であるため、非定型業務です。

（1）ア （第１章第１節）

ア— 仕事を進めるなかで予定に入っていない仕事が発生することもあるため、スケジュールは余裕をもって立てておくことが大切です。

イ―仕事は自分一人だけでなく他の人々もかかわって成り立っているため、自分の仕事に影響するパートナーのスケジュールも把握しておきます。

ウ―月間予定表に定期的に行う業務を書きこんだうえで、新たな仕事のスケジュールを立てるようにします。

(2) ウ（第1章第2節）

ア―マニュアルに沿って業務を行うことによりだれでも一定の仕事ができるようになり、職場レベルで仕事の品質を一定に保つことができます。

イ―マニュアルに沿って業務を行うことによりその都度判断するというムダを省けるため、仕事の効率も向上します。

ウ―マニュアルどおりの仕事だけではお客さまの満足は得られません。つねにお客さまの立場に立って業務にあたることが大切です。そのため、「お客さま第一」を心がける必要があります。

(3) イ（第1章第3節）

ア―発送業務などの仕事は、まとめて行うことにより効率が上がります。

イ―会議の議事録や出張の報告書などのビジネス文書などは、繰り返し使用できるように定型的なフォーマットを決めておくと、毎回初めから作成するという手間を省くことができます。

ウ―仕事では思わぬトラブルが発生する場合もあり、たとえ納期が先の仕事であっても時間に余裕のあるときにすませておきます。

(4) ア（第1章第4節）

ア―お客さまへの訪問の約束など重要な決定事項は、必ずその場で手帳に書きこめるようにします。

イ―あらかじめ決まっている年間行事や月次の行事を事前に手帳に書きこんだうえで、他の仕事のスケジュールを決めていきます。

ウ―手帳に書きこむ仕事が多い場合、大切なことを見逃さないように、枠で囲む、色を付けるといった工夫をして、仕事の取りこぼしをなくします。

(5) ウ（第1章第4節）

ア―必要な情報をいつでもすぐに取り出すことができるように、日ごろから整理しておくことが必要です。

イ―情報の活用頻度や使用目的に応じて、パンチ式のファイル、パンチレスのファイル、クリアファイルなどを使い分けます。

ウ―ファイルした資料については、用途に応じて定期的に保存するものと廃棄するものに分類し、整理・整頓しします。社内規程に従って管理するようにしましょう。

（1）ウ （第1章第5節）

ア―情報管理のうえでは、目的を明確にしたうえで情報を収集・蓄積し、収集した情報が目的と合致しているかを検討する必要があります。

イ―情報ネットワークを活用していくためには、収集した情報が目的に対して適切であるかどうか見きわめる必要があります。

ウ―たとえば、お客さまに新商品のサンプルを送るため、新商品へのアンケート結果から送付先リストを作成する場合、データ化する情報は、お客さまの氏名と住所のみです。電話番号や生年月日まで蓄積する必要はないと判断することができます。

（2）ア （第1章第5節）

ア―コンピュータウイルス対策ソフトがインストールされた状態でパソコンを利用することが必要です。なお、対策ソフトが最新のバージョンでないと新種のコンピュータウイルスに対応ができず、ウイルスに感染する可能性が高くなるため、注意が必要です。

イ―パソコンに見知らぬファイルが作成されている場合には、コンピュータウイルスに感染した可能性があるため、すぐにコンピュータシステムの管理者に連絡してコンピュータウイルスの除去などの対応を依頼します。

ウ―席を離れるときには、パソコンにパスワードをかけてロックし、自分以外の人がパソコンに不正にアクセスできないようにします。

問5 （第1章第5節）

（1）ア（安全面）―パソコンやネットワークの利用にあたり、安全面を考えてパスワードを設定し定期的に変更を行うなどして、他人が不正に利用できないようにします。

（2）イ（機密情報）—パソコンがコンピュータウイルスに感染した場合、パソコンに保存されている機密情報や個人情報が含まれたファイルが流出する恐れがあります。

問6（第1章第6節）

（1）イ（CC）— CCに上司の電子メールアドレスを指定することにより、上司にも議事録を送付することができます。また、プロジェクトリーダーやプロジェクトメンバーも、上司が議事録の送付を受けていることを確認することができます。

（2）ウ（BCC）— BCCの受信者は自分以外のだれが受信しているかはわかりません。お互いに面識のない複数の販売店の担当者に電子メールを一斉に送信する場合、送信先となる担当者の個人情報保護の観点から、すべての電子メールアドレスをBCCとすることが適切です。

（3）（第1章第6節）

イ（氏名と電子メールアドレス）—電子メールを送信する前に、もう一度送信先の氏名と電子メールアドレスを確認することが必要です。

（4）イ（第1章第6節）

ア— 添付ファイルのパスワードを電子メール本文中に記入した場合には、本来受信すべきでない人が受信した場合にファイルを見られてしまう恐れがあります。このため、電子メールの本文にパスワードを記入することは不適切です。

イ— セキュリティのうえでは、パスワードは電話など別の手段で送るほか、会議の際に関係者でパスワードを決めておくといった対応が必要です。また、近年では、インターネット上の通信を暗号化するSSL/TLS（Secure Socket Layer/Transport Layer Security）といった技術も導入されています。

第❷編　演習問題②　仕事の実践とビジネスツール

2　ビジネス文書の基本

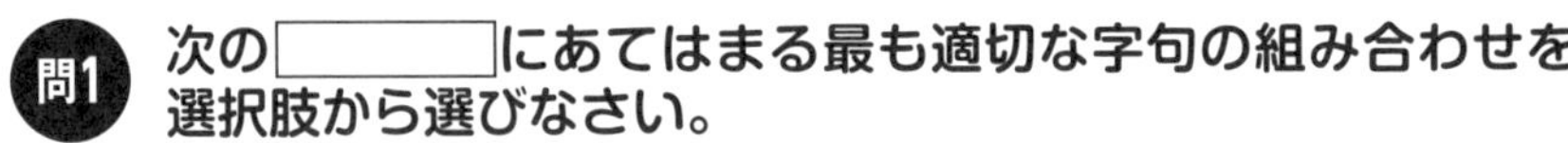

問1　次の［　　　］にあてはまる最も適切な字句の組み合わせを選択肢から選びなさい。

（1）ビジネス文書の目的は情報の正確な伝達と［　①　］および［　②　］として残すことである。のちに何かトラブルが起これば証拠とすることもできる。

【選択肢】

ア．①連絡ー②根拠

イ．①共有ー②記録

ウ．①相談ー②報告

（2）ビジネス文書作成の留意点には主に文書の主旨がすぐわかるように［　①　］から述べること、時機を逃さず書くこと、［　②　］でまとめることなどがある。

【選択肢】

ア．①結論ー②箇条書き

イ．①経過ー②メモ書き

ウ．①結論ー②メモ書き

問2　次の設問に答えなさい。

（1）パソコンによる文書作成の利点として<u>不適切なもの</u>を選びなさい。

【選択肢】

ア．デジタルデータとして保存できるため、共有が容易である。

イ．文書作成ソフトを使うことでだれでも正確な文書が書ける。

（2）ビジネス文書を作成する際の心がまえとして適切なものを選びなさい。

【選択肢】

ア．１つの文書にはできるだけ多くの用件を盛りこむようにする。

イ．文書の目的に応じて体裁やことばづかいを選ぶようにする。

問3　次の設問に答えなさい。

（1）社内文書の基本について適切なものを選びなさい。

【選択肢】

ア．受信者、発信者の部署名、担当者名を入れて発信する。

イ．敬語をつかい時候のあいさつなどの前文を添える。

（2）社外文書の基本について適切なものを選びなさい。

【選択肢】

ア．丁寧な表現を意識して先方に敬意を示して書く。

イ．箇条書きを多用して前文はとくに添えないで書く。

（3）社内文書への対応として<u>不適切なもの</u>を選びなさい。

【選択肢】

ア．情報伝達のため、関係者への回覧やコピー配布は確実に行う。

イ．回覧文書の受信者名が自分ではない場合、とくに対応はしない。

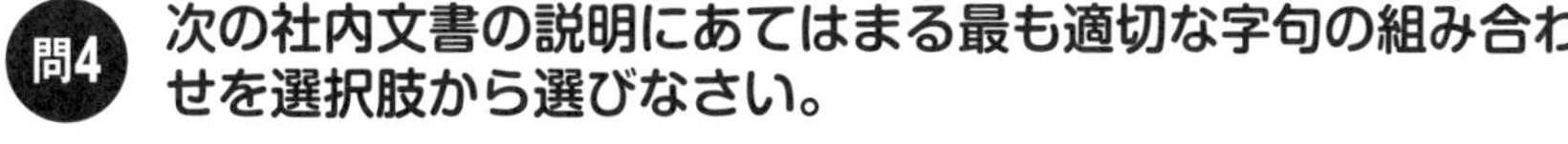

問4　次の社内文書の説明にあてはまる最も適切な字句の組み合わせを選択肢から選びなさい。

①会議の内容を記録・報告する社内文書

②物品を発注する際に金額・納期・支払条件などを確認する社外文書

③入金や納期遅延に対しての対応を依頼する社外文書

【選択肢】

ア．①稟議書－②照会書－③請求状

イ．①議事録－②見積書－③督促状

ウ．①議事録－②照会書－③督促状

次の語句・用語についての説明にあてはまる最も適切な字句の組み合わせを選択肢から選びなさい。

わかりやすい文章を書くポイントとして、1文は40～50字くらいの長さにする、難解な専門用語をつかう場合は［　①　］で解説を加えて説明する、［　②　］は多用しないようにするなどがある。

【選択肢】

ア．①注釈－②修飾語

イ．①文書内－②修飾語

ウ．①注釈－②主語

次の設問に答えなさい。

（1）電子メールの使い方として適切なものを1つ選びなさい。

【選択肢】

ア．その日の商談相手との面談に遅れそうになったため、おわびのメールを送った。

イ．来月実施のプロジェクト会議の詳細を出席メンバーに連絡するメールを送った。

（2）電子メールの使い方として適切なものを1つ選びなさい。

【選択肢】

ア．用件が多くなったため、電子メール本文とは別に文書ファイルにまとめて添付して送信した。

イ．受信した電子メールの内容が上司への確認が必要な用件であったため、上司の判断を数日待ったうえで返信した。

問7 次のメールの例で［　　　］にあてはまる字句を選択肢から選びなさい。

送信(S)
宛先… t.oosaka@●●.co.jp
CC(C) tmss5000@●●.co.jp
件名(U) （1）
添付ファイル(T) 171010xxx 建設プロジェクト見積り.xlsx（11KB）

株式会社〇〇建設
大阪 太一様

（2）
□□株式会社　営業部　山田です。
昨日は ××× 建設プロジェクトのお見積りのご依頼をいただきまして
誠にありがとうございました。
お見積書が作成できましたので添付ファイルにて送信いたします。
ご査収のほどよろしくお願い申し上げます。

ご不明な点がございましたら私宛にご連絡いただければ幸いと存じます。

山田　祐二（E-mail：yu.yamada@▲▲.co.jp）
□□株式会社　営業部
〒100-0000　×× 市＊＊＊２０００番地
TEL 03-0000-0000　HP：https://www.………

（1）の選択肢

ア．×××建設プロジェクトの件

イ．×××建設プロジェクトお見積書送信について

（2）の選択肢

ア．いつもたいへんお世話になっております。

イ．拝啓　時下ますますご清栄のこととお喜び申し上げます。

演習問題② 仕事の実践とビジネスツール

ビジネス文書の基本

解答・解説

（第２章第１節）

（1）イ（①共有ー②記録）—「ことば」は伝達する人数が多いほど、内容が正確に伝わりにくくなります。会議などでわかったつもりでいても、双方の認識が違うことはよくあることです。文書にすることでお互いの解釈を確認することができ合意（コンセンサス）を得ることができます。また、たとえば会議の議事録の場合、会議に参加していない上司や関係者にも報告でき、情報を共有できるメリットがあります。記録に残すことで後日内容の確認ができ、ミスを防ぐこともできます。証拠としても有効で、責任の所在を明らかにすることができます。

（2）ア（①結論ー②箇条書き）—ビジネス文書は、相手に読みやすく理解しやすいように簡潔に書き、正確に内容を伝えることが大事です。そのためには結論や要点から書くことです。箇条書きも活用するとポイントがつかみやすく、読みやすくなります。また、議事録などは、時間が経ちすぎてから配布されると意味がなくなります。できるだけ早い段階で作成して時機を逃さず発信することが基本です。

（1）イ （第２章第１節）

アー文書は、電子文書（デジタル情報で作成された文書）として作成することが一般的になっています。電子文書は、グループウエアなどのクラウドサービスで共有が容易というメリットがあります。

イー文書作成ソフトのメリットには定型文書のフォーマットが利用できることや漢字変換機能があること、保存ファイルの検索、管理が容易にできることなどがあります。しかし、文書作成ソフトを使うだけでだれでも正確な文書が書けるというわけではありません。作成者が文書作成の知識とポイントを押えていることが必要です。

（2）イ （第2章第1節）

ア— 1つの文書にいくつもの用件を入れないことがビジネス文書作成の基本です。

イ— 文書の目的によって「です・ます」「である」などの語調やことばづかい、体裁を選びます。

（1）ア （第2章第2節）

ア— 社内文書は、前付き（日付や発信者名、宛先など）、本文（件名・タイトル、用件など）、付記（添付する書類などを書く）といった要素で構成されています。

イ— 時候のあいさつなどの前文は、社外文書の基本となるものです。

（2）ア （第2章第2節）

ア— 社外文書では、頭語と結語を対応させて書くことや、前文に時候のあいさつ、日ごろの感謝のことばを述べること、終わりのあいさつとして末文を書くことなどのルールがあります。

イ— 箇条書きを多用する、前文はとくに添えないなどは、社内文書の基本となるものです。

（3）イ （第2章第2節）

ア— 情報をスムーズに伝達するために、関係者にもれなく配布するようにします。

イ— 受信者名が自分ではない場合でも、文書が回覧されるということは関係者への情報共有が必要であることを意味しています。業務で関係が出てくる可能性があるため、必要に応じて上司に指示を受けながら対応します。

問4 （第2章第3節、第2章第4節）

イ（①議事録－②見積書－③督促状）—稟議書は、業務で必要な事項について会議を経ずに決裁者の承認を受けるための文書です。照会書は、業務で必要な知識などを他部署に確認をとったり問い合わせたりするための文書です。請求状は、製品販売などの代金を請求する文書です。

（第２章第５節）

ア（①注釈ー②修飾語）―１文ごとに句点（。）でしっかりと区切って書くようにします。１文が長くなる場合は、読点（、）を打って読みにくさを解消します。また、余分な修飾語は切り捨てます。接続詞（～が、～から、～ので、～だが、など）で文を連結させないこともポイントです。専門用語は、なるべくつかわず、つかう場合は注釈をつけて読み手にわかるようにします。

（※）わかりやすい文章を書くポイント

１文は40～50字くらいに短く区切って書き、余分な修飾語をできるだけ切り捨てます。

【例文】

× ○県△市に所在するＡ社を訪問し、昨年より検討してきた新商品の共同開発について合意し、慎重な協議の後、契約を交わした。
○ Ａ社との新商品共同開発について合意し、契約を交わした。

１文は１内容として、書くべきことがいくつかあるときは、文を区切ってつながりが複雑にならないようにします。

【例文】

× Ｂ社のＣ氏と新製品の検討を行い、Ｄ社、Ｅ社の担当者と契約条件の詰めを行った。
○ Ｂ社のＣ氏と新製品の検討を行った。また、Ｄ社、Ｅ社の担当者と契約の詰めを行った。

１文には１つの主部と述部を用い、対応に注意します。

【例文】

× 私の意見は、Ｆ商品の通信ソフトが高い。
○ 私の意見は、Ｆ商品の通信ソフトが高い、ということです。

修飾語は多用しすぎないようにして、文の趣旨を明確にします。また、文意が２通りにとられないよう、語・句・文の接続や対応に注意し、助詞の「て」「に」「を」「は」を正確に使います。

【例文】

× 部長は笑顔であいさつするＨ社の専務に話しかけた。
○ 部長は、笑顔であいさつするＨ社の専務に話しかけた。
○ 部長は笑顔で、あいさつするＨ社の専務に話しかけた。

問6

（1）イ （第２章第６節）

ア— 電子メールは、すぐに相手が気づかない場合があります。緊急の用件は電話で直接伝えます。

イ— 来月の会議であり緊急性は高くないため、電子メールでの配信でも問題はありません。多くの関係者に一斉に連絡できる点も電子メールのメリットです。

（2）ア （第２章第６節）

ア— １メール１用件が基本ですが、用件が多くなる場合は、本文とは別に文書ファイルにまとめて添付して送るようにします。

イ— 数日待ったうえで返信するのでは、受信されたかどうか、送信者に不安を与えてしまいます。まずは電子メールを受信したことを知らせるため「メールを受領しました。回答まで２～３日お待ちください」などと書き、すみやかに返信することが基本です。

問7 （第２章第６節）

（1）イ（×××建設プロジェクトお見積書送信について）— メールの件名は、見ただけでどのような内容かを予測できるものにします。相手が１日に何通も電子メールを受信していることがあるため、件名だけで、今すぐ開封する・あとで開封するといった判断ができるよう配慮します。

（2）ア（いつもたいへんお世話になっております。）— 電子メールは、儀礼的な表現よりも簡潔に用件を書くのがよいとされています。儀礼的な時候のあいさつや頭語・結語は省略しますが、まったくルールがないというわけではありません。円滑なコミュニケーションをはかるために一般的なあいさつ程度は入れるようにしましょう。

3 電話応対

問1 次の［　　　］にあてはまる字句を選択肢から選びなさい。

電話は相手の顔が見えないだけでなく、相手の都合に合わせられないという性質をもっている。相手の貴重な時間を奪うものであるため、［（1）］用件をすませることが望ましい。そのためには事前に［（2）］して、［（3）］などを活用して簡潔に話す。

（1）～（3）の選択肢

ア．要領よく　　イ．じっくりと
ウ．予約　　エ．準備
オ．報告・連絡・相談　　カ．5W2H

 電話を受ける際の手順として適切なものを選択肢から選びなさい。

①相手を確認する
②会社名を名乗る
③復唱する
④メモを準備する

【選択肢】

ア．② → ① → ③ → ④
イ．④ → ③ → ② → ①
ウ．④ → ② → ① → ③

次の電話のかけ方の基本マナーについて適切なものを１つ選びなさい。

【選択肢】

ア．電話に出る人がかけようとしている相手本人とはかぎらないため、自分からは名乗らないようにする。

イ．相手が出たら、時候のあいさつや近況などを話して場をなごませることを優先する。

ウ．相手が目上の人の場合は、相手が電話を切ってから受話器を置く。

問4 次の文章の空欄に当てはまる最も適切な字句を選択肢から選びなさい。

電話をかけるときは、［（1）］を整理したメモを作っておくとよい。相手が電話に出たら、まず［（2）］を伝える。相手が不在のときは、基本として電話を［（3）］ようにする。なお、電話を［（3）］旨を相手に伝える場合、［（4）］を告げておく配慮も必要である。

（1）～（4）の選択肢

ア．用件	イ．スケジュール
ウ．自分の社名と名前	エ．相手の社名と名前
オ．いただく	カ．かけ直す
キ．おおよその場所	ク．おおよその時間

携帯電話を仕事で使用するときの留意点について<u>不適切なもの</u>を選択肢から選びなさい。

【選択肢】

ア．外出先（訪問先）での面談中や社内の会議中は、基本的には携帯電話に対応しない。

イ．携帯電話は電波状態によって通話が不安定になるため、外出中は相手が聞き取りやすいよう大きな声で伝える。

電話応対

解答・解説

問1（第３章第１節）

（1）ア（要領よく）―電話では簡潔に短時間で用件をすませるために、要領よく用件を済ませる段取りを心がけましょう。

（2）エ（準備）―短時間で過不足なく用件を伝えるためには、内容を整理しておくなど事前に準備しておきます。

（3）カ（5W2H）―5W2Hを活用して内容を整理すると、相手に簡潔に伝えやすくなります。

問2（第３章第２節）

ウ（④→②→①→③）―電話を受けるときは、内容を記録するために、まずメモなどの筆記用具を準備します。そして、明るくはっきりとした口調で会社名を名乗ります。相手がお客さまなのか、取引先なのか、自社の他支店などからなのかによって、あいさつのことばが変わってきます。電話を終えるときは重要な内容を復唱して、間違いのないようにします。

（※）伝言メモの例

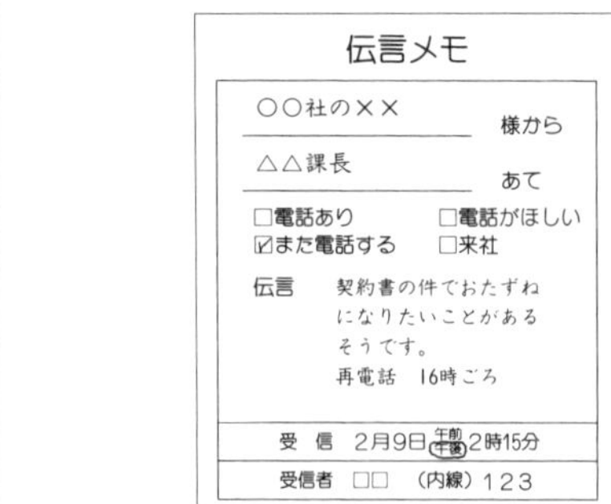

伝言メモ

○○社の××　様から
△△課長　あて
□電話あり　□電話がほしい
☑また電話する　□来社
伝言　契約書の件でおたずねになりたいことがあるそうです。
再電話　16時ごろ
受信　2月9日 午前・午後 2時15分
受信者　□□　（内線）123

△△課長

○○社の××様からお電話がありました。
契約書の件で、おたずねしたいことがある、とのこと。
16時ごろ、もう一度お電話をくださるそうです。

2月9日　14時15分　□□受

問3 （第３章第３節）

ウ

ア— まず自分がだれであるか名乗ることが、電話のマナーの基本です。

イ— 電話の特徴の１つとして相手の状況が見えないということがあります。場をなごませることよりも相手を煩わせないことを考えましょう。

ウ— 電話はかけた側から切るのが基本ですが、相手が切るのを待つほうが丁寧です。とくに相手が目上の人の場合は、相手が電話を切ってから受話器を置くようにしましょう。

問4 （第３章第３節）

（１）ア（用件）—電話をかけるときは、用件を整理し箇条書きのメモを作っておくと話がスムーズに進みます。

（２）ウ（自分の社名と名前）—まず、自分の社名と氏名を名乗り、あいさつのことばをそえてから電話をした相手の名前を伝えます。

（３）カ（かけ直す）—相手が不在のときは、基本としてこちらからもう一度かけるようにします。自分がかけたい相手だけでなく、代わりに電話に出た相手に対する配慮も必要です。

（４）ク（おおよその時間）—再度電話をかける場合、電話をかける時間を告げておけば先方も予定を立てられ余裕をもって対応できます。

問5 （第３章第４節）

イ

ア— 外出先（訪問先）での面談中や社内の会議中は緊急の場合を除き、携帯電話には応答しないことが基本です。着信音が鳴らないよう、マナーモードにしておくことも大切です。

イ— 外出先で大きな声で話すと、顧客の情報や営業秘密がもれる可能性があります。なお、公共の場では声の大きさはもちろん、周囲に気を配ることも必要です。

4 統計・データの読み方・まとめ方

問1 表に関する次の説明文の＿＿＿＿部について、誤っている箇所を【選択肢1】から選びなさい。また、［　　　］にあてはまる字句を【選択肢2】から選びなさい。

（1）表は、情報として示す対象について、項目（ことば）と内容（数値）を一覧で把握できるようにしたものである。横のならびを列という。

（2）表は［　　　］に使うことができる。また、表の上に記述する注釈を頭注という。

【選択肢1】

ア．横　　イ．頭注

【選択肢2】

ア．特徴の明確化　　イ．詳細な分析

問2 次ページの表はパソコンメーカーA社の経営資料である。資料を見て（1）、（2）の問に答えなさい。

（1）資料から読み取れることで適切なものを1つ選びなさい。

【選択肢】

ア．2021年からの月単位の売上高集計を示している。

イ．国外は4つの地域に分類されている。

（2）資料から推察されることで適切なものを1つ選びなさい。

【選択肢】

ア．アジア地域は売上全体のおよそ半分を占める重要な市場である。

イ．日本市場は縮小傾向にあり、売上の伸びは望めない。

ウ．全体の売上高に対する北米の割合は減少し続けている。

売上高分析ー地域別概要

		2021年12月	2022年12月	2023年12月
年間売上高（百万円）		1,153,600	1,294,100	1,276,200
国内		130,400	142,400	146,500
	売上高構成比（%）	11.3	11.0	11.5
北米		166,300	156,700	161,400
	売上高構成比（%）	14.4	12.1	12.6
欧州		202,000	170,400	150,700
	売上高構成比（%）	17.5	13.2	11.8
アジア		500,400	644,900	628,200
	売上高構成比（%）	43.4	49.8	49.2
その他		154,500	179,800	189,300
	売上高構成比（%）	13.4	13.9	14.9

（注）各区分に属する主な国または地域
北米：米国、カナダ
欧州：オランダ、フランス、イタリア、スペイン、ロシア
アジア：インドネシア、台湾、タイ、シンガポール、ベトナム、中国、インド
その他：ブラジル、オーストラリア、コロンビア、メキシコ

問3 次の表作成作業について最も適切な手順を選択肢から選びなさい。

①何を表し、どんな目的に使う表か確認する。

②合計・小計などに計算違いはないかなど、資料の内容を検討する。

③関連数値を集め、加工する。

④項目と数値の配列など、表の構成を決定する。

⑤表を作成し、点検する。

【選択肢】

ア．① → ④ → ② → ③ → ⑤

イ．① → ③ → ② → ④ → ⑤

ウ．① → ③ → ④ → ② → ⑤

問4 次の［　　　］にあてはまる字句を選択肢から選びなさい。

（1）［　　　］とは、時間の経過に沿った変化を示すのに適したグラフである。
（2）［　　　］とは、構成比の内訳を示すのに適したグラフである。

（1）、（2）の選択肢

ア．折れ線グラフ　　イ．棒グラフ
ウ．円グラフ　　エ．レーダーチャート

（3）帯グラフの項目はとくに考慮する要件がない場合は、数値の［　　　］順に並べる。
（4）通常、折れ線グラフでは、横軸に［　　　］、縦軸に［　　　］の推移をとる。

（3）、（4）の選択肢

ア．大きい　　イ．小さい
ウ．数量　　エ．時間

（5）［　　　］は構成要素の内訳を示すときに使われるグラフである。
（6）［　　　］は複数の特性間のバランスを見るのに適したグラフである。

（5）、（6）の選択肢

ア．帯グラフ　　イ．折れ線グラフ
ウ．レーダーチャート　　エ．面積グラフ

問5 情報のグラフ化に関する組み合わせで不適切なものを１つ選びなさい。

【選択肢】

ア．支店売上高の順位を出す――棒グラフ
イ．従業員数の推移を見る――折れ線グラフ
ウ．商品の在庫数を示す――円グラフ

問6 次の折れ線グラフに関する記述について適切なものを１つ選びなさい。

【選択肢】

ア．いくつかの項目を長さの違いで表して比較するのに適している。

イ．時間の経過に沿った数値の変化を流れとして見るのに適している。

ウ．要素ごとの割合を全体と比較した面積の違いで見るのに適している。

統計・データの読み方・まとめ方

解答・解説

問1（第４章第１節）

（1）ア（横）—表の横のならびは「行」であり､「列」は縦のならびのことです。また、各項目の記入枠を「セル」といいます。

（2）イ（詳細な分析）—表の注釈について、表の上の置かれる注釈を頭注、表の下に置かれる注釈を脚注といいます。また、表は一覧性があり、全体の把握に適し、詳細な分析を行うことができます。一方、グラフは表に示された複数の数値資料の対比や関係をルールに従って図示したもので、大きな傾向やさまざまな特徴をきわだたせることができます。下記の表でことばの定義を再確認してください。

（※）表の各部分の名称

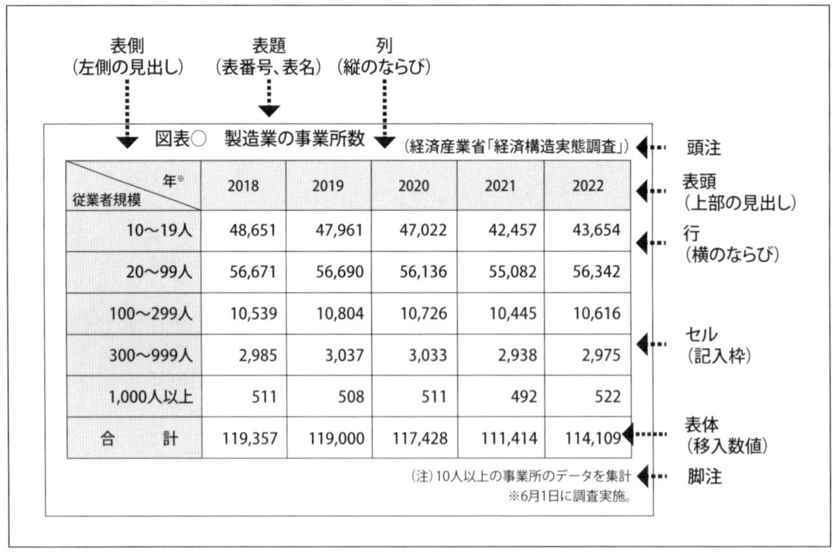

図表○　製造業の事業所数　（経済産業省「経済構造実態調査」）

年※ / 従業者規模	2018	2019	2020	2021	2022
10～19人	48,651	47,961	47,022	42,457	43,654
20～99人	56,671	56,690	56,136	55,082	56,342
100～299人	10,539	10,804	10,726	10,445	10,616
300～999人	2,985	3,037	3,033	2,938	2,975
1,000人以上	511	508	511	492	522
合　計	119,357	119,000	117,428	111,414	114,109

（注）10人以上の事業所のデータを集計
※6月1日に調査実施。

問2

（1）イ（第4章第2節）

ア―表は、2021年から2023年までの3年間を年単位で示したものです。

イ―国外は、北米、欧州、アジア、その他の4つの地域に分類されています。

（2）ア（第4章第2節）

ア―アジア地域は売上全体に占める割合が高く、2023年には49.2％とほぼ半分を占めるまでになっています。

イ―国内の売上は2021年から3年間売上が伸びており、縮小傾向とはいえません。

ウ―北米の売上高構成比は多少の増減はあるものの、2022年から2023年は売上が伸びており、減少し続けているとはいえません。

（※）表の読み方

表を読む際には、つぎの手順で見ていきます。
STEP 1：表題で何を示した表かを読み取り、内容の見当をつける
STEP 2：頭注・脚注を読んで、注意点を確認する
STEP 3：全体を見て、概要を確認する
STEP 4：詳細を見る
STEP 5：結論を得る

問3（第4章第2節）

イ（①→③→②→④→⑤）―表作成の手順は以下のとおりです。

STEP 1：表作成の目的を確認する
（※）たとえば、問2の表は地域別の売上高を示し、それぞれの地域がどれだけ売上に貢献しているか分析するために作られています。
STEP 2：資料を収集する
STEP 3：資料の内容を検討する
STEP 4：表の構成を決定する
STEP 5：表を作成する
STEP 6：表を点検する

問4 （第４章第３節）

（1）ア（折れ線グラフ）—時間の経過にともない数値がどのように変化するのかを見たいときに使うグラフです。

（2）ウ（円グラフ）—全体に占める各構成要素の内訳を見たいときに使うグラフです。各項目の構成比がひと目でわかります。

（3）ア（大きい）—帯グラフでは、とくに考慮すべき要件がない場合は数値の大きい順に並べます。一方、「第一次産業、第二次産業、第三次産業、第四次産業」という項目名を重視する場合には、項目名順に左から右に並べたりします。

（4）エ（時間）、ウ（数量）—折れ線グラフは、推移を表現する場合の基本グラフです。横軸に時間、縦軸に数量をとって、線の傾きによって傾向を見ます。

（5）ア（帯グラフ）—円グラフと同様に、構成要素の内訳を示すときに使う代表的なグラフです。複数の棒を並べると、それぞれの構成要素の比率を比較することができます。

（6）ウ（レーダーチャート）—複数の特性間のバランスを見たり、データの周期性を見るときに使うグラフです。形から全体の傾向や特徴を判断することができます。

問5 （第４章第３節）

ウ

ア—棒グラフは同時点における多種の数値の差や同種の数値を比較するときに用いるため、支店売上高の順位を出すときにも使えます。

イ—折れ線グラフは時間的経過に沿った変化を表すときに用いるため、従業員数の推移を見るときにも使えます。

ウ—円グラフは構成比の内訳を表すときに用いるため、商品の在庫数などの推移は折れ線グラフなどのほうが適しています。

問6（第4章第3節）

イ

ア― いくつかの項目を長さの違いで表して比較するのに適しているのは、棒グラフです。

イ― 折れ線グラフは、項目ごとに時間の経過に沿って数値の示す位置を線で結び、変化する数値の推移を表す場合に適しています。

ウ― 要素ごとの割合を全体と比較した面積の違いで見るのに適しているのは、円グラフです。

（※）グラフの特徴

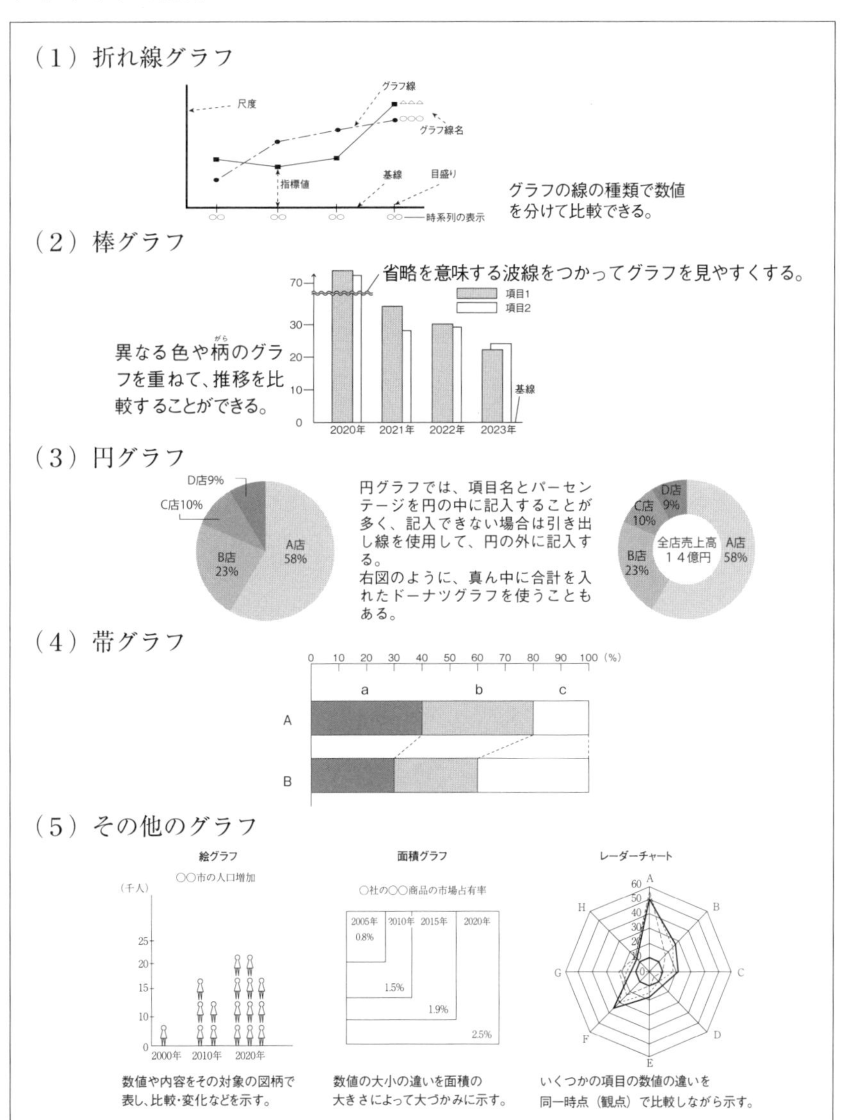

5 情報収集とメディアの活用

問1 次の設問に答えなさい。

（1）情報収集のポイントについて適切なものを選びなさい。

【選択肢】

ア．大量の情報があふれている現代では、限られた時間とコストの範囲内で精度の高い情報収集が求められている。

イ．自分の仕事に直接関係がある業界内の情報だけを深く収集すればよい。

（2）情報収集の方法について<u>不適切なもの</u>を選びなさい。

【選択肢】

ア．電車内の中吊り広告やダイレクトメールは役に立つ情報ではないため、情報収集の対象にはならない。

イ．人気商品の開発経緯を知るため、メーカーの広報誌を取り寄せた。

（3）インターネットの情報収集について<u>不適切なもの</u>を選びなさい。

【選択肢】

ア．検索能力に加え語学力を身につけることで、海外のサイトも閲覧できる。

イ．新聞社のホームページは新聞に掲載ずみの記事が載るため、速報性に欠ける。

（4）商談に役立つ情報の入手について適切なものを選びなさい。

【選択肢】

ア．インターネットは官公庁のサイトにも直接接続できるため、公式なデータも入手可能である。

イ．人脈による情報は個人の主観が入っているため、特定の人物に絞って情報収集するべきである。

（5）インターネットの情報収集について不適切なものを選びなさい。

【選択肢】

ア．自治体や新聞社のホームページの情報は比較的信頼性が高い。

イ．個人ブログの情報は速報性が高く、信頼性も比較的高い。

（6）インターネットの検索について適切なものを選びなさい。

【選択肢】

ア．古い情報と新しい情報が混在しているため、ページの作成日や情報の更新日を確認する必要がある。

イ．検索エンジンの検索結果では、つねに新しい情報が上位に出てくる。

問2　次の［　　　］にあてはまる字句を選択肢から選びなさい。

（1）［　　　］は、世界中から大量の情報を短時間で収集できるメディアである。

（2）［　　　］は、映像や音声からリアルな情報を入手することができるメディアであるが、同じ情報を繰り返し確認するには制約が多い。

（1）、（2）の選択肢

ア．新聞　　イ．インターネット

ウ．ラジオ　　エ．テレビ

（3）［　　　］とは、調べたい情報をキーワードの入力で探すインターネット上のサービスである。

（4）役に立つホームページは、インターネットブラウザの［　　　］に登録しておくと、必要なときにすぐにアクセスできる。

（3）、（4）の選択肢

ア．アドレス帳　　イ．検索サイト

ウ．お気に入り　　エ．サイトマップ

問3 次の設問に答えなさい。

（1）新聞を取り扱う際の注意点について適切なものを選びなさい。

【選択肢】

ア. 新聞は情報量が豊富であるが、記録保存性が悪いメディアである。

イ. いったん報道された記事でも、あとで内容が訂正される場合がある。

（2）新聞の特徴について不適切なものを選びなさい。

【選択肢】

ア. 各紙の内容は類似しているため、どれを読んでも内容は同じである。

イ. 新聞は必要性に応じ、さまざまな情報を取捨選択して読むことができる。

（3）新聞の種類について不適切なものを選びなさい。

【選択肢】

ア. 主要一般紙は、紙面構成とページ数が統一されている。

イ. 業界紙には、それぞれの分野の読者を想定した記事が載っている。

（4）新聞の記事について適切なものを選びなさい。

【選択肢】

ア. 専門紙の記事は一般的ではないため客先で話題にすることは避ける。

イ. 各紙の記事を読み比べて判断の偏りを防ぐとよい。

（5）新聞の読み方について不適切なものを選びなさい。

【選択肢】

ア. 毎日少しずつ新聞に目を通すことで効果的な読み方が身につく。

イ. 同じ日付の同一紙であれば、印刷時間や配布地域に関係なく紙面の構成は同じである。

（6）新聞の読み方について不適切なものを選びなさい。

【選択肢】

ア．記事本文は結論が最後に書いてあるため、本文の最後から読む。

イ．事実を知らせるニュース記事とニュースの解説記事とは区別して読む。

問4　次の記事の要約に関する記述で、＿＿＿＿部について誤っている箇所を【選択肢１】から選びなさい。また［　　　］にあてはまる字句を【選択肢２】から選びなさい。

（1）全国紙では扱われない都道府県の情報を扱う新聞をタウン紙と呼ぶ。また、特定の分野や業界に特化した記事を扱う新聞を専門紙と呼び、さまざまな分野の内容を網羅して掲載している新聞を一般紙と呼ぶ。日本経済新聞は［　　　］の代表例である。

【選択肢 1】

①ア．タウン紙　　イ．専門紙　　ウ．一般紙

【選択肢 2】

②ア．一般紙　　イ．専門紙　　ウ．タウン紙

（2）新聞記事は、読者ができるだけ早く内容を理解できるように、結論から先に書かれている。新聞記事を効率的に読むためには、大きな文字で書かれているキーワード欄や記事冒頭のリード文から、記事を取捨選択するとよい。なお、リード文がない記事では、［　　　］の最初の部分がリード文の役割を果たす。

【選択肢 1】

①ア．結論　　イ．キーワード欄　　ウ．リード文

【選択肢 2】

②ア．キーワード欄　　イ．本文　　ウ．小見出し

問5 次の新聞記事を読んで問に答えなさい。

（朝日新聞夕刊　2023.2.28）

シシャモ激減 なぜ

北海道の研究者 海水温上昇に注目 20度超で成長率低下

日本で古くから親しまれてきた食用魚の「シシャモ」が激減している。かつては2千㌧以上とれた年もあったが、2021年の漁獲量は、20年前に比べて1割以下の172㌧にまで減った。なぜこれほど少なくなってしまったのか――。シシャモの産地・北海道の研究者たちが、そのナゾ解きに挑んだ。

20年前の1割以下に

「シシャモの取りすぎを防ぎ、資源を守るために、様々な取り組みが行われてきた。にもかかわらず、なぜ数が減り続けているのか。それを、実験で解き明かそうと思ったんです」

北海道立総合研究機構栽培水産試験場に勤務する岡田のぞみ主査は、新たな研究の動機について、そう語る。

シシャモは、北海道の太平洋岸にのみに生息する。親魚は秋に川をさかのぼり、川底に直径1・3ミリほどの卵を産み付ける。卵は春に孵化（ふか）し、生まれた仔魚（しぎょ）は海へと下り、北海道の沿岸海域で育つ。

2001年に2354㌧あった水揚げは、12年以降は1千㌧未満と低迷。21年は172㌧と記録的な不漁になった。

岡田さんが注目したのは、シシャモの稚魚たちが暮らす海の水温だ。

「近年の海水温の上昇が、シシャモに何らかの悪影響を与えているのでは」

そんな疑問から、温度条件を様々に変えた水槽で実際にシシャモの稚魚を飼育し、どんな影響が出るのか調べることにした。

実験では、体長が3～4㌢の稚魚を使った。たくさんの水槽を用意し、それぞれ細かく水温の設定を変えた。12度から24度まで、2度刻みで7種類の水温条件の水槽を用意した。

4週間後の生残率を調べたところ、温度条件が12～20度の水槽ではほぼ全ての個体が生き残った。ところが、22度以上では生き残る個体の割合が低下し、24度では、ほとんどの稚魚が死んでしまった。

稚魚の成長率も詳しく調べたが、水温16度の条件で最もよく成長し、20度以上では成長率が著しく低下することがわかったという。

大きくなれず捕食？

シシャモの名産地として知られる北海道むかわ町の周辺海域では近年、8～9月の平均水温が20度を超す年が以前に比べて多くなっている。

岡田さんは一連の実験をもとに、「夏場に水温が高いと稚魚が十分に大きく成長できず、大型の魚などの天敵に食べられやすくなって生残率が下がる。これが近年のシシャモの減少につながっている可能性がある」との結論を出した。

同栽培水産試験場の安宅（あたか）淳樹・研究職員は、北海道南部の海域を対象に、07年から20年にかけて、気象庁の海面水温データと稚魚の体長、実際の漁獲量との関係について解析。夏場の水温が高く、稚魚の平均体長が小さい年では、その翌年のシシャモ漁が不漁になることがわかった。

環境省のレッドリストでシシャモは、襟裳岬以西に分布する集団が「絶滅のおそれのある地域個体群」に指定されている。単に漁獲量が減っただけでなく、海域によっては絶滅のリスクさえ指摘されるほど厳しい状況にある。

気象庁によると、日本近海では海面水温が100年あたり1・19度のペースで上がっている。「シシャモは分布域が限られたタイプの魚だ。地球温暖化が進んでも、ほかの魚種のように分布を北上させてしのぐことは難しいのではないか」と岡田さんは指摘する。

「今後も海水温の上昇が進めば、シシャモの稚魚にとっては非常に厳しい状況になる。その結果、シシャモの数はさらに減り、絶滅のリスクも高まる可能性があります」

秋の風物詩として知られる「シシャモのすだれ干し」＝2019年、北海道むかわ町

初水揚げされ、選別されるシシャモ＝2017年、北海道むかわ町の鵡川漁港

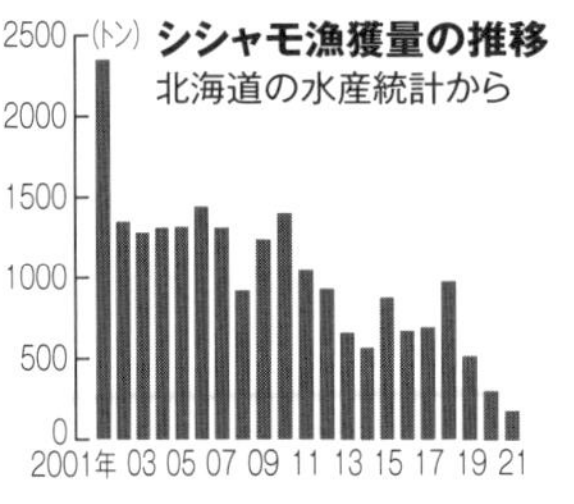

シシャモ
キュウリウオ科の遡河（そか）回遊魚。日本だけにすむ固有種で、北海道の太平洋岸に分布する。北海道むかわ町は産地として特に有名。シシャモという和名はアイヌ語に由来するとされ、漢字では「柳葉魚」と書く。

（※）記事のレイアウト、フォント、フォントサイズは変更されています。
（※）記事中の写真は削除しています。

（1）シシャモに関する記述として、不適切なものを選択肢から選べ。

【選択肢】

ア．シシャモは、川で孵化（ふか）し海へと下り、沿岸海域で育つ。

イ．シシャモは、海水温が上昇しても、絶滅のリスクは低いと考えられている。

ウ．シシャモは、日本近海だけにすむ固有種で、北海道の太平洋岸に生息する。

（2）シシャモ漁獲量の推移に関する記述ついて、適切なものを選択肢から選べ。

【選択肢】

ア．2012年以降の年間漁獲量は、2001年の半分にも満たない。

イ．2001年から2021年にかけての漁獲量は、一貫して減少している。

ウ．2021年の漁獲量は、2020年に比べ172トン減少した。

（3）シシャモの漁獲量が減少に関する記述について、下記の［　　］に入れるべき語句の組み合わせとして、適切なものを選択肢から選べ。

［　a　］により、日本のシシャモ漁獲量が著しく減少している。研究者たちは、高い水温が稚魚の生存率を低下させ、成長を遅らせることを［　b　］で確認した。特に、夏季の平均海水温が［　c　］を超えることが増えており、これがシシャモの数を減少させていると考えられている。

【選択肢】

	a	b	c
ア.	海水温の上昇	実験	20度
イ.	海水温の上昇	海洋調査	20度
ウ.	生息域の北上	実験	22度

（4）研究者が実験や調査により導き出した記述について、正誤の組み合わせとして適切なものを選択肢から選べ。

a. 水温とシシャモの稚魚の成長率の関係

b. 天敵の数とシシャモの生存率の関係

c. 前年の夏の海水温とシシャモの漁獲量の関係

【選択肢】

	a	b	c
ア.	正	正	誤
イ.	誤	正	正
ウ.	正	誤	正

情報収集とメディアの活用

解答・解説

（1）ア （第5章第1節）

アー インターネットが普及し大量の情報があふれている現代では、そのなかから情報を取捨選択することが重要になります。

イー ビジネスでは激しく変化する環境に対応していく必要があり、そのためには、自分の業界内の情報だけでなく、仕事に関する周辺情報や社会の最新の動きなどについて、広く情報を集める必要があります。

（2）ア （第5章第1節）

アー 新聞、テレビ、ラジオなどのマスコミや、インターネット、専門書以外でも、役立つ情報を入手できる情報源は他にもあります。広告やダイレクトメールからは、流行やトレンドなどの情報を読み取ることができます。

イー 広報誌は、その会社の情報を得るために有効な手段です。ホームページからダウンロードできるようにしている会社もあります。

（3）イ （第5章第2節）

アー インターネットでは世界中のホームページを閲覧できるため、語学力があれば世界中の情報を直接読み取ることができます。

イー 新聞社のホームページのニュースは新聞への掲載を待たずに掲載されることが多く、速報性があります。一般的に、新聞社やテレビ局など報道機関のホームページは速報性と信頼性に優れているといえます。

（4）ア （第5章第2節）

アー 官公庁の情報を得るためにも、インターネットは有効な手段です。ほとんどの官公庁はホームページで情報を公開しています。

イー 人脈による情報は、その人の知識や経験にもとづいたノウハウなど、インターネットや活字から入手できない情報が得られることもあります。普段から周囲の人とよい関係を保ち、多数の意見を比較・検討し情報を活用しましょう。

（5）イ　（第5章第2節）

ア—官公庁や報道機関のホームページの情報は、個人が書きこんだ情報に比べ信頼性が高いといえます。

イ—インターネットの情報は、情報の出所を確認し、正確性や信頼性に注意する必要があります。ウィキペディアやSNS、個人ブログなど個人が書きこんだ情報には注意する必要があります。複数のサイトの情報を比較するなど情報の正しさを判断する能力が求められます。

（6）ア　（第5章第2節）

ア—インターネット上には古い情報と新しい情報が混在しています。したがって、情報収集の際にはつねにページの作成日や更新日を確認して、現在でも有効な情報かどうかを確認する必要があります。

イ—検索エンジンの検索結果が出てくる順番は、一般に情報の新しさではなく、検索した用語との関連が深いものから出てきます。

問2（第5章第2節）

（1）イ（インターネット）—検索サイトをうまく使うことで、短時間で多くの情報を取得することができます。

（2）エ（テレビ）—新聞などの紙媒体と比較すると、速報性があり、映像や音声からリアルな情報が入手でき、印象に残りやすいという特徴があります。一方で、同じ番組を繰り返し見たい場合には、録画が必要であったり、インターネット上の配信を待たねばならなかったりなど、制約が少なくありません。

（3）イ（検索サイト）—検索サイトは、インターネットで検索できる情報をデータベース化し、キーワードを入力すると該当するホームページの情報を表示する機能をもっています。Yahoo! Japan 、Google などが代表的です。

（4）ウ（お気に入り）—インターネットブラウザのお気に入りにホームページ

を登録しておくと、お気に入りからすぐにそのホームページにアクセスすることができます。官公庁のホームページ、取引先や競合他社のホームページなど、定期的に内容を確認したいホームページを登録しておくことで、インターネットによる情報収集の効率が上がります。

（1）イ （第5章第3節）

アー 新聞は持ち運びしやすく、どこでも読むことができます。また、記録保存性が優れているメディアといえます。

イー 新聞はいったん報道された記事でも、あとで内容が訂正される場合があるため、注意が必要です。

（2）ア （第5章第3節）

アー 新聞は、新聞社や記者により見解や取材先が異なるため、各紙が同じ事柄について同じ内容を伝えているとはかぎりません。客観的な情報を収集するためにも、また、記事の理解を深めるためにも、数社の新聞を読み比べることが望まれます。

イー 新聞は、大量の記事が掲載されています。各記事に見出しやリード文がついているため、必要な記事を選んで読みましょう。

（3）ア （第5章第3節）

アー 一般紙は、不特定多数の読者を想定して、特定の分野に偏ることなく幅広い分野の記事を掲載している新聞です。各紙それぞれが、読者が読みやすく、読者の興味をわかせるように紙面や記事の書き方を工夫しています。したがって、紙面構成とページ数が統一されているということはありません。

イー 業界紙は、その業界に関係する読者だけを想定し、特定の分野について深く専門的に記事が書かれています。必要に応じて、一般紙と業界紙を読み分けることが望まれます。

（4）イ （第5章第3節）

アー 専門紙からは、一般紙に書かれていない詳しい情報が得られます。専門紙から得られた情報は、仕事でも活用できます。

イー さまざまな見方・意見が存在する話題は、新聞各紙それぞれに見解が異なります。各紙の記事を読み比べなければ判断が偏ってしまう危険があります。

（5）イ （第5章第3節）

ア— 新聞を読む力は、習慣により身についていきます。また、毎日最新の情報に触れることで、社会の動きが少しずつわかってきます。

イ— 同じ日付の同一紙であっても、印刷時間や配布地域によって紙面の構成や記事の内容が異なるため、注意が必要です。印刷した時間が遅い新聞は、記事の内容が最新の情報に差し替えられていることがあります。また、地域に密着した情報が掲載されている紙面（地域面や地方面）もあります。

（6）ア （第5章第3節）

ア— 本文は、読者がすぐに記事の要点を理解できるように、結論や要約が最初に書かれています。

イ— 新聞の記事には、ニュース記事と解説記事があります。ニュース記事は、事実を正確に伝えることが目的で、いつ、だれが、どこで、何を、どうしたかが明確に書かれています。一方、解説記事は、読者の理解をうながすために発生した事柄に対して記者が説明を追加したもので、理解に役立つ反面、記者の意見や新聞社の見解も加わっているため、考えが偏ってしまう可能性もあります。

問4 （第5章第3節）

（1）① ア

ア— 全国紙では扱われない特定地域（主に都道府県）の読者を対象とした新聞を地方紙と呼びます。北海道新聞、中日新聞、西日本新聞などが代表例です。

イ— 特定の分野や業界に特化した記事を扱う新聞を専門紙と呼びます。日本経済新聞、日刊工業新聞、日経 MJ などが代表例です。

ウ— 特定分野に偏ることなく、さまざまな分野の内容を網羅して掲載している新聞を一般紙と呼びます。読売新聞、朝日新聞、毎日新聞などが代表例です。

② **イ—** 日本経済新聞は、主に経済記事を扱う専門紙です。

（2）① イ

ア— 新聞記事は、読者ができるだけ早く内容を理解しやすいように、5W2H

で結起承の順で書かれています。

イ―記事を選択するときに、まず目を通すのは見出しです。見出しは読者の関心を引くように大きな文字で、記事の重要なことが端的に表現されています。

ウ―見出しに続きリード文で記事の内容を把握します。理解を助けるために、キーワード欄や図表が載せられている記事もあります。

② **イ**―リード文がない記事では、本文の最初の部分がリード文の役割を果たし、記事の概要が書かれています。

問5（第５章第３節）

（1）イ

ア（正）―本文２段目５行目に、シシャモについて「親魚は秋に川をさかのぼり、川底に直径1.3ミリほどの卵を産み付ける。卵は春に孵化（ふか）し、生まれた仔魚（しぎょ）は海へと下り、北海道の沿岸海域で育つ」とあり、選択肢と合致します。

イ（誤）―本文５段目後ろから６行目に、「今後も海水温の上昇が進めば、シシャモの稚魚にとっては非常に厳しい状況になる。その結果、シシャモの数はさらに減り、絶滅のリスクも高まる可能性があります」とあり、選択肢と合致しません。

ウ（正）―キーワード欄２行目に、「日本だけにすむ固有種で、北海道の太平洋岸に分布する」とあり、選択肢と合致します。

（2）ア

ア（正）―本文２段目後ろから３行目に、「01年に2354トンあった水揚げは、12年以降は１千トン未満と低迷」とあります。2012年以降の水揚量は1,000トン未満であり、2001年の半分（2,354トン÷２＝1,177トン）に満たないことが示されており、選択肢と合致します。

イ（誤）―棒グラフ「シシャモ漁獲量の推移」に、漁獲量は減少傾向にあることが示されていますが、前年に比べ増加している年もあり、一貫して減少しているとはいえないため、選択肢と合致しません。

ウ（誤）―本文２段目後ろから２行目に、シシャモの水揚量について「20年は301トン、21年は172トンと記録的な不漁になった」とあります。172トンは2020年の漁獲量からの減少量ではないため、選択肢と合致しません。

（3）ア

a（海水温の上昇）―本文４段目見出し「大きくなれず捕食？」７行目に、「夏場の水温が高く、稚魚の平均体長が小さい年では、その翌年のシシャモ漁が不漁になることがわかった」とあります。本文５段目見出し「大きくなれず捕食？」９行目に「シシャモは分布域が限られたタイプの魚だ。地球温暖化が進んでも、ほかの魚種のように分布を北上させてしのぐことは難しいのではないか」とあり、「生息域の北上」と合致しません。

b（実験）―本文３段目８行目に、「温度条件を様々に変えた水槽で実際にシシャモの稚魚を飼育し、どんな影響が出るのか調べることにした」とあります。「海洋調査」については記述がないため、選択肢と合致しません。

c（20度）―本文４段目見出し「大きくなれず捕食？」３行目に、「8～9月の平均水温が20度を超す年が以前に比べて多くなっている」とあります。「22度」は、水温とシシャモの稚魚の育成に関する実験の結果について述べた、本文３段目後ろから１行目の「生き残る個体の割合が低下」する温度であり、合致しません。

（4）ウ

a（正）―本文５段目１行目に、水温とシシャモの稚魚の育成に関する実験の結果について「稚魚の成長率も詳しく調べたが、水温16度の条件で最もよく成長し、20度以上では成長率が著しく低下することがわかったという」とあり、選択肢と合致します。

b（誤）―本文４段目見出し「大きくなれず捕食？」８行目に、「大型の魚などの天敵に食べられやすくなって生残率が下がる」とありますが、「天敵の数とシシャモの生存率」に関する記述はないため、選択肢と合致しません。

c（正）―本文４段目後ろから14行目に、「気象庁の海面水温データと稚魚の体長、実際の漁獲量との関係について解析。夏場の水温が高く、稚魚の平均体長が小さい年では、その翌年のシシャモ漁が不漁になることがわかった」とあり、選択肢と合致します。

第2編 演習問題② 仕事の実践とビジネスツール

6 会社を取り巻く環境と経済の基本

問1 次の設問に答えなさい。

（1）日本の経済環境の変化を説明する文章として正しいものを選びなさい。

【選択肢】

ア．厳しい国際競争を避けるため、日本政府はより国内産業を保護する規制をするようになった。

イ．IT 技術の進展などにより業種・業界・産業間の壁が取り払われ、企業は厳しい競争を強いられるようになった。

（2）現在の日本社会の特徴を説明した文章として正しいものを選びなさい。

【選択肢】

ア．2010 年代初頭は超円高により輸出が大幅に減少し日本経済にマイナスの影響を与えたが、2020 年代に入り歴史的な円安となり輸出が回復しプラスの影響を与えた。

イ．少子高齢化が進み労働力不足が課題となり、女性・高齢者・外国人労働者の活用や生産性向上が重視されている。

問2 次の語句・用語についての説明にあてはまるものを選択肢から選びなさい。

（1）従来の国家・地域の垣根を越え、地球規模で資本や情報のやり取りが行われ、国内市場と海外市場の境界線がなくなること

（2）経営環境の変化に対応して、収益構造の再構築を図るために事業の大幅な見直しや統廃合が行われること

（1）、（2）の選択肢

ア．グローバル化　　　　イ．インキュベーション

ウ．リストラクチャリング　　エ．ベンチャーキャピタル

問3 次の［　　］にあてはまる字句を選択肢から選びなさい。

（1）［　　］とは、頁岩（けつがん）層と呼ばれる地層から採取される天然ガスのことで、活用が進んでいる。

（2）［　　］とは、「燃える氷」と呼ばれ、日本周辺の海に多く存在すると期待されている新しいエネルギー源のことである。

（1）、（2）の選択肢

ア．シェールガス　　イ．化石燃料

ウ．メタンハイドレート　　エ．バイオエタノール

（3）［　　］とは、輸入した原料に付加価値をつけて、製品として輸出することである。

（4）［　　］とは、ある国が外国との間で行った輸入額と輸出額の差額のことである。

（3）、（4）の選択肢

ア．中継貿易　　イ．加工貿易

ウ．貿易収支　　エ．経常収支

6 会社を取り巻く環境と経済の基本

解答・解説

問1

（1）イ　（第6章第1節、第２節）

ア— 世界経済大国へと発展するにつれ、国際社会のなかで日本だけが自国の経済への強い保護政策を実施することは許されず、貿易自由化や規制緩和を進めざるを得なくなりました。

イ— 世界中の会社と消費者を直接結びつけるインターネットの登場により、業種・業界・産業間の壁が取り払われ、会社は厳しい競争を強いられるようになりました。日本企業は、技術開発力、開拓スピード力だけでなく、お客さまのニーズの変化をすばやく把握する力が求められています。

（2）イ　（第6章第1節）

ア— 2010年代初頭は超円高により輸出が大幅に減少し、日本経済に打撃を与えました。2020年代に入り歴史的な円安となり輸出額増加の傾向にありながら、資源高の影響で輸入額がそれ以上に増加し、日本経済にマイナスの影響を与えました。

イ— 少子高齢化により、労働力人口が2019年をピークに減少に転じています。2021年平均は6,860万人と、前年に比べ約8万人減少しました。男女別にみると、男性は約20万人減少する一方、女性は約13万人の増加となっており、女性の活用が進んでいます。外国人労働者は、約172.7万人（2021年10月末時点）と増加しています。2019年に人材確保が必要な14の特定産業分野を対象として新しい在留資格「特定技能」が創設され、外国人雇用の取り組みが進んでいます。また、経済産業省が中心となってデジタルトランスフォーメーション（DX）を推進しており、生産性の向上が期待されています。

問2（第6章第１節、第２節）

（1）ア（グローバル化）—従来の国家・地域の垣根を越え、地球規模で資本や情報のやり取りが行われ、国内市場と海外市場の境界線がなくなることをいいます。グローバル化により日本企業は、コストの安い新興国企業などとの厳しい競争にさらされることになります。

（2）ウ（リストラクチャリング）—会社が経営環境の変化に対応して、収益構造の再構築を図るために事業の大幅な見直しや統廃合を行うことをいいます。

問3（第6章第１節、第2節）

（1）ア（シェールガス）—頁岩（けつがん）層から採取される天然ガスです。シェールガスは経済的に掘削が困難と考えられていましたが、2000年代後半にアメリカで新しい技術が開発されたことで、採算に合うコストで掘削が可能になりました。これにより、アメリカは天然ガス生産のシェアトップであったロシアを上回りました。シェールガスを含む天然ガスは化石燃料のなかでは温室効果ガスの排出量が少なく、活用が進んでいます。

（2）ウ（メタンハイドレート）—天然ガスの成分であるメタンと水が結晶化した氷状の物質で、「燃える氷」と呼ばれています。日本周辺の海に天然ガスの年間使用量100年分が埋蔵されていると考えられ、天然ガスに変わるエネルギー源として調査・研究がされています。

（3）イ（加工貿易）—原材料や半製品を他国から輸入し、それを加工してできた製品や半製品を輸出する貿易の形態のことをいいます。 日本やイギリスなど、資源の乏しい国に多くみられます。

（4）ウ（貿易収支）—ある国が外国と行った輸出額と輸入額の差額のことで、その国の貿易による収支を表します。収支がプラスの場合は貿易黒字国、マイナスの場合は貿易赤字国とされます。なお、日本の貿易収支は、東日本大震災の影響で輸出額が減少し、2011年に31年ぶりに赤字となりました。その後、2016年に黒字になりましたが、以降も赤字になる年がありました。

第❷編 演習問題② 仕事の実践とビジネスツール

7 ビジネス用語の基本

次の語句・用語についての説明で不適切なものを１つ選びなさい。

【選択肢】

ア．完全失業率

就業が可能でありながら仕事につけない就職希望者の労働力人口に占める割合

イ．合計特殊出生率

一人の女性が生涯に産む子どもの平均数を示す数値

ウ．有効求人倍率

就職活動中の人が本人の志望する条件に合った職場や会社に採用される割合

次の用語についての説明で適切なものを１つ選びなさい。

【選択肢】

ア．GDP（Gross Domestic Product）

国内総生産のこと。日本国内の日本人が生産した財・サービスの金額を集計したもの

イ．規模の経済

工場で生産量を増大させて製品１個あたりの経費を少なくすること

問3 次の語句・用語についての説明で不適切なものを１つ選びなさい。

【選択肢】

ア．エッセンシャルワーカー

社会生活の維持に不可欠な仕事をしている人々

イ．ジャストインタイム

経営環境の変化に合わせて、事業の再構築や変革を行うこと

ウ．フランチャイズチェーン

チェーン主宰会社（本部）が独立店舗を加盟店にした小売形態

問4 次の文章は何について説明したものか。あてはまるものを選択肢から選びなさい。

主に自由貿易の促進を目的とする国際機関

【選択肢】

ア．WTO

イ．GAFA

ウ．FTA

問5 次の文章は何について説明したものか。あてはまるものを選択肢から選びなさい。

障がい者や高齢者などに特別な配慮をするのではなく、一般の人々と変わらずに生活ができる社会こそが正常な状態とする考え方

【選択肢】

ア．ノーマライゼーション

イ．ユニバーサルデザイン

問6 次の文章は何について説明したものか。あてはまるものを選択肢から選びなさい。

フェイクニュースや不確かな情報がデジタルメディアやSNSなどを通じて大量に氾濫し、現実社会に影響を及ぼす現象

【選択肢】

ア．インフォデミック

イ．ネットの誹謗（ひぼう）中傷

ウ．SSL/TLS

問7 次の語句・用語についての説明で適切なものを選びなさい。

【選択肢】

ア．ニッチ市場

消費者のために大量生産された商品の市場

イ．マーケットシェア

ある製品やサービスの総供給量に占める、特定の製品やサービスの供給量の割合

ウ．ライブコマース

店頭など対面でのライブ感ある販売方法を特徴とする実演販売

問8 次の文章は何について説明したものか。あてはまるものを選択肢から選びなさい。

欠陥のある製品を回収し、修理・交換を行うこと

【選択肢】

ア．リコール

イ．クーリングオフ

ウ．ダイナミック・プライシング

問9 次の語句・用語についての説明で不適切なものを選びなさい。

【選択肢】

ア．セールスプロモーション

消費者の購買意欲や流通業者の販売意欲を引き出す取り組み全般

イ．パブリシティ

製品や自社の情報、イメージなどについて、マスメディアに報道されるよう働きかける広報活動

ウ．マーケティング

実際のビジネスシーンを想定して、問題点とその解決策を考えさせる学習方法

問10 **次の文章について、[　　　]にあてはまる字句を【選択肢１】から選びなさい。また、誤っている箇所を【選択肢２】から選びなさい。**

[　　　]とは、デジタル技術を使用した幅広いマーケティング手法で、Web マーケティング、POS（point of sales）などを含む。デジタル技術を使用することで購買情報の収集、分析が容易になり、効果的なマーケティングが可能になる。例としては、ホームページ、Web 広告、SNS を活用した情報発信、デジタルサイネージなどがある。

【選択肢１】

ア．フランチャイズチェーン

イ．デジタルマーケティング

ウ．プライベートブランド

【選択肢２】

ア．Web マーケティング

イ．POS（point of sales）

ウ．デジタルサイネージ

ビジネス用語の基本

解答・解説

問1

ウ

ウ―有効求人倍率は、求職者に対する求人総数の割合のことです。なお、本人が志望する就職先と採用する側の条件が一致しないことを雇用のミスマッチといいます。

問2

イ

ア―GDP（Gross Domestic Product）は、国内の居住者が生産した財・サービス金額を集計したものを意味します。居住者には、外国人も含まれます。

問3

イ

イ―ジャストインタイム（JIT）は、必要なものを、必要なときに、必要な量だけ、必要な場所へ供給する生産の管理手法で、トヨタ自動車に始まり全世界に広がっています。選択肢の説明文はリストラクチャリングです。

問4

ア

イ―GAFAは、米国を代表する巨大IT企業であるGoogle、Apple、Facebook、Amazonの略語です。世界で多くの利用者に支持されている一方で、収集した個人情報の扱いや取引先への優越的地位の濫用などが懸念されています。

ウ―FTA（Free Trade Agreement）は、関税などの通商上の規則、サービス貿易などの通商に関する障壁を取り除き、自由貿易地域の結成を目的として２国間以上で結ばれる国際協定です。

ア

アーノーマライゼーション（normalization）は、障がい者や高齢者などに特別な配慮をするのではなく、そうした人々も一般の人々も変わらずに生活ができる社会こそがノーマル（正常）な状態とする考え方です。バリアフリーも、障がい者ができる限り自分の力で活動できるようにするノーマライゼーションの取り組みのひとつです。

イーユニバーサルデザイン（universal design）は、障がい者・健常者、高齢者といった区別なく、誰もが使いやすい商品、または、住みやすい街・住宅・設備を考えたデザインです。たとえば、自動ドア、多機能トイレ、シャンプーの容器のギザギザなどが身近な例です。

ア

イーネットの誹謗中傷とは、SNSなどで悪口や根拠のないことを投稿し、相手を傷つけることです。SNSは、匿名のため他人を誹謗中傷する投稿になりやすく、また、他人の投稿を容易に拡散できるため被害者が出るなど社会問題となっています。ネットの誹謗中傷は犯罪であることを認識し、安易な投稿・拡散をしないことが重要です。

ウーSSL/TLSとは、インターネット通信での、データ暗号化技術のことです。通信時、個人情報などの重要なデータを第三者へ漏えいするといった危険性から回避するシステムです。

イ

アーニッチ市場とは、規模は大きくはありませんが、特定の顧客ニーズが存在している市場のことです。大手企業が気づいていない、または、あまり狙わないため、中小企業に比較的チャンスがある市場です。

ウーライブコマースとは、インターネットを使用してライブ配信で商品を紹介し販売する手法です。消費者はスマートフォンなどでライブ配信を見ながら、臨場感のある購買体験が実現でき、スムーズに商品の購入が可能です。

ア

イ—クーリングオフとは、主として消費者保護を目的とし、契約後一定期間（原則8日）内であれば、無条件で解約できる制度です。

ウ—ダイナミック・プライシングとは、市場の需要と供給の状況に合わせて価格を変動させることです。例としては、繁忙期の航空券や宿泊料の値上がりや、スポーツの人気チーム同士の対戦チケットの値引きなどがあります。

ウ

ウ—マーケティングとは、自社の製品やサービスの開発・提供を効率的に行うための市場調査、商品化計画、販売促進、宣伝広告などの総合的な活動をいいます。なお、ある製品・サービスの市場への総供給量に対する自社の供給割合をマーケットシェアといいます。

イ（デジタルマーケティング）—デジタル技術を使用した幅広いマーケティング手法は、デジタルマーケティングです。フランチャイズチェーンは、販売会社や外食企業などがチェーン主催会社（本部）となり、独立店舗を加盟店にした小売形態のことです。プライベートブランドは、小売・流通業者が独自に企画・開発した製品のことです。

イ（POS（point of sales））—POSとは、販売時点情報管理のことで、商品販売の時点で商品や購入客の情報、時間などをコンピュータで管理する手法です。デジタルマーケティングに含まれる手法の例としては、O2O（Online to Offline）、オムニチャンネルなどがあります。

第3編

過去の試験問題

文部科学省後援　令和４年度前期

ビジネス能力検定 ジョブパス３級

＜実施　令和４年７月３日(日)＞

(説明時間　10：20 ～ 10：30)
(試験時間　10：30 ～ 11：30)

・試験問題は試験監督者の指示があるまで開かないでください。
・解答用紙（マークシート）への必要事項の記入は、試験監督者の指示があるまで行わないでください。

・机の上には、受験票および筆記用具以外は置かないでください。電卓、辞書、参考書等の使用はできません。
・この試験問題は19ページあります。試験監督者の指示と同時にページ数を確認してください。乱丁等がある場合は、手をあげて試験監督者に合図してください。
・試験監督者の指示と同時に、解答用紙（マークシート）に、受験者氏名・受験番号（下11桁）を記入し、受験番号下欄の数字をぬりつぶしてください。正しく記入されていない場合は、採点されませんので十分注意してください。
・試験問題は、すべてマークシート方式です。正解と思われるものを１つ選び、解答欄の ⓪ をHBの黒鉛筆でぬりつぶしてください。ボールペン等、鉛筆以外を使用した場合は採点されません。また、２つ以上ぬりつぶすと、不正解になります。
・試験問題についての質問には、一切答えられません。
・試験中の筆記用具の貸し借りは一切禁止します。
・試験を開始してから30分以内および試験終了５分前以降の退場はできません。30分経過後退場する場合は、もう一度、受験者氏名・受験番号・マークが記入されているか確認し、試験監督者の指示に従って退場してください。**(再入場不可)**
試験問題は持ち帰ってください。
・合否の発表は令和４年８月下旬の予定です。合否の通知は団体経由で行い、合格者へは合格証を同封します。
・合否結果についての電話・手紙等でのお問い合わせには、一切応じられません。

一般財団法人　職業教育・キャリア教育財団

問1 次の［　　　］に入れるべき適切な語句を選択肢から選べ。

（1）すべての人が使いやすいように、小さな力と自然な姿勢で操作でき、直感的に分かりやすいことなどを考えて設計することを［　　　］という。

【選択肢】

ア．ユニバーサルデザイン　　イ．バリアフリー　　ウ．ノーマライゼーション

（2）ゴミが少なくなるような製品を作る、ムダなものを買わない、長期間使うなど廃棄物の発生を少なくすることを［　　　］という。

【選択肢】

ア．リデュース　　イ．リサイクル　　ウ．リユース

（3）世界の主要な国の首脳が、貿易や環境など世界経済に大きな影響がある課題について討議する会議のことを［　　　］という。

【選択肢】

ア．インフルエンサー　　イ．ユネスコ　　ウ．サミット

（4）ネットワークを介して個人情報などの重要な情報を通信するさい、第三者に漏えいしないようにするため暗号化する方法の一つに［　　　］がある。

【選択肢】

ア．O2O　　イ．5G　　ウ．SSL／TLS

（5）大手のスーパーマーケットなど消費者に近く、影響力のある小売・流通企業が、独自に企画・開発した製品のことを［　　　］という。

【選択肢】

ア．プライベートブランド　　イ．マーケットシェア　　ウ．ナショナルブランド

問2 次の各問に答えよ。

（1）仕事の基本姿勢に関する記述として、適切なものを選択肢から選べ。

【選択肢】

ア．仕事の納期が守れないことは信頼の低下につながるため、納期遅れになる直前までは自分一人で精一杯努力することが大切である。

イ．仕事の質を保つためには、納期から逆算してスケジュールを立てたうえで、時間に余裕をもって仕事を進めることが大切である。

ウ．重要な仕事は時間をかける必要があるため、できるだけ後回しにして、比較的重要ではない仕事を優先して行うことが大切である。

（2）コミュニケーションを円滑にするための基本に関する記述の正誤の組み合わせとして、適切なものを選択肢から選べ。

a．上司の指示がよく分からないときは、何度も聞くと失礼になるので、まずは仕事を進めるようにする。

b．仕事でミスをした場合は、上司に隠さずに報告して、注意を受けたときはミスをした理由を述べ自分を正当化するように心掛ける。

c．職場で自分の意見が正しいと思った場合でも、相手の意見を聞く姿勢が大切である。

【選択肢】

	a	b	c
ア．	正	正	誤
イ．	誤	誤	正
ウ．	誤	正	正

（3）上司への報告に関する記述として、適切なものを選択肢から選べ。

【選択肢】

ア．上司に依頼された仕事について、お客さまと打ち合わせを行ったさいに新たな情報を入手したので、些細な内容ではあったが上司に報告した。

イ．上司に仕事の報告をするとき、まずは経緯を説明してから自分の意見と合わせて最後に結論を報告することにした。

ウ．上司から依頼を受けていた急ぎの仕事が終わったが、上司が忙しい様子だったので翌日以降に報告することにした。

（4）パソコンを使った仕事の仕方に関する記述の正誤の組み合わせとして、適切なものを選択肢から選べ。

a．仕事で大切な文書や動画、図面などを共有するため、貸与されたパソコンではなく、会社で割り当てられたクラウド上のフォルダに保存した。

b．会社にグループウエアなどの情報管理ツールを導入して、テレワークやＷｅｂ会議に活用することで業務の効率化を図った。

c．社内の受発注システムにアクセスするためのＩＤとパスワードは頻繁に使うので、すぐに確認できるようメモに書き、パソコンに貼っておくことにした。

【選択肢】

	a	b	c
ア.	誤	正	誤
イ.	正	誤	正
ウ.	正	正	誤

（5）あいさつの仕方と職場でのことばづかいに関する記述の正誤の組み合わせとして、適切なものを選択肢から選べ。

a．外出先から職場に戻り、隣席の先輩から「お帰りなさい」と言われたので「どうも」と返事をした。

b．仕事の依頼のために他部署を訪ねたが担当者が不在のため、別の社員へ伝言を頼んだところ「承知しました」と言われたので「恐れ入ります。よろしくお願いいたします」と言った。

c．先輩が自分より先に退社するときに「お先に失礼します」と声をかけてもらったので「ご苦労さまでした」と言った。

【選択肢】

	a	b	c
ア.	誤	正	誤
イ.	正	誤	正
ウ.	誤	正	正

問3 次の用語の説明として適切なものを選択肢から選べ。

（1）クーリングオフ

【選択肢】

ア．店舗での買い物やインターネットなどの通信販売を利用するさいに、クレジットカード、電子マネーなど電子データのやり取りで代金を支払うこと。

イ．訪問販売や電話勧誘販売で商品やサービスを購入する契約をした場合、一定期間内であれば、無条件で解約できること。

ウ．市場に出回った製品に欠陥が見つかった場合、消費者を守るためにすべての製品について製造者や輸入業者が無償修理・交換・回収・返金などの対応をとること。

（2）食品ロス

【選択肢】

ア．食品を小売りや飲食店で提供するときに、生産地・原材料・添加物・製造年月日などを事実と異なる表示や宣伝をすること。

イ．食品の袋や容器を開封せず、指定された方法で保存した場合に安全に食べられる期限のこと。

ウ．食べ残し・売れ残り・期限切れなどの理由によって、本来食べられたのに廃棄されてしまう食品のこと。

（3）WTO

【選択肢】

ア．1995年1月に自由貿易を促進するために設立された、貿易に関する国際ルールを定めたり、加盟国間の紛争を解決したりする国際機関のこと。

イ．国内の居住者が消費したり、企業が設備に投資したりするなどして新たに生み出されたモノやサービスの金額を合計したもの。

ウ．1993年に、欧州域内の通貨統合、外交・安全保障政策の共通化などの実現を目指してつくられた連合のこと。

（4）ブレーンストーミング

【選択肢】

ア．実験を行うことが困難な場合、実際には実験をせずに主にコンピュータを使って、想定する場面を再現したモデルを用いて分析すること。

イ．ＳＮＳの掲示板に根拠のない悪口や嫌がらせなどを投稿して、不特定多数に拡散・発信することにより、他人の名誉を傷つけること。

ウ．「自由に発言する」、「多くの案を出す」、「他人の案を否定しない」などのルールで活発に討議し、新しい考えを創出するアイデアの発想法のこと。

（5）セールスプロモーション

【選択肢】

ア．会社の商品・サービスや会社自体のイメージなどについて、新聞・雑誌・テレビ・ラジオなどのマスメディアに報道されるように働きかけること。

イ．消費者が小売店で商品を購入した時点で、その商品名や数量・購入客の情報・日時などのデータを一元的に管理すること。

ウ．消費者の購買行動を促すために、景品の配布やサンプルの提供、展示会などのイベント開催、広告宣伝などを行うこと。

問4 次の各問に答えよ。

（1）会社の組織に関する記述について、下記の［　　］に入れるべき語句の組み合わせとして、適切なものを選択肢から選べ。

会社組織における分業化は、［ a ］別のタテの分業に加え、部門別のヨコの分業などの視点でとらえることができる。その中で会社の方針や売上利益計画、商品開発計画などを定めるのは［ b ］マネジメントの役割である。各部門の［ c ］マネジメントにあたる部長・課長は、その会社の方針や計画の実現に責任をもち、具体的な施策を立案して実行の指揮をとる。

【選択肢】

	a	b	c
ア．	階層	トップ	ロアー
イ．	顧客	ミドル	ロアー
ウ．	階層	トップ	ミドル

（2）名刺交換と紹介の仕方に関する記述の正誤の組み合わせとして、適切なものを選択肢から選べ。

a．名刺交換をしたときに名前を聞き取れず、また名刺に記載された名前の読みも分からなかったため、読み方をたずねた。

b．上司と先輩へお客さまを紹介するとき、初めにお客さまを上司と先輩に紹介してから、自社の先輩、上司の順にお客さまへ紹介した。

c．名刺交換で自分の名刺をお客さまが読める方向に向けて差し出して、会社名、部署名、名前を伝え「どうぞよろしくお願いいたします」とことばを添えた。

【選択肢】

	a	b	c
ア．	誤	正	正
イ．	正	誤	正
ウ．	正	正	誤

（3）社外文書に関する記述について、下記のａ～ｃに入れるべき語句の組み合わせとして、適切なものを選択肢から選べ。

［ a ］のご挨拶

拝啓　盛夏の候、貴社ますますご盛栄のこととお喜び申し上げます。平素は格別なるご愛顧を賜りまして厚く御礼申し上げます。

さて、このたび弊社事務所は下記住所に移転することとなりました。これを機に従業員一同さらに社業に専心する所存でございます。

つきましては、今後とも一層のご支援ご高配を賜りたく、何卒よろしくお願い申し上げます。

まずは［ b ］、書中をもちましてご挨拶を申し上げます。

［ c ］

令和４年７月15日

株式会社ＸＹＺ
代表取締役社長　○○○○

記

移転日　令和４年８月１日
新住所　〒000-0000
○○県○○市○○１丁目１番地
電　話　000-000-0000
ＦＡＸ　000-000-0000

以上

【選択肢】

	a	b	c
ア.	事務所新設	略儀ながら	敬具
イ.	事務所移転	取り急ぎ	謹白
ウ.	事務所移転	略儀ながら	敬具

（4）お客さまへの訪問の基本に関する記述の正誤の組み合わせとして、適切なものを選択肢から選べ。

a．新規のお客さまから商品の説明を求められ訪問することになったが、先入観を持たずに打ち合わせをしたかったので、訪問先の情報は事前に調べないことにした。

b．面談開始の時間がお客さまのご都合で遅れ、終業時刻を過ぎる見込みのため、上司に訪問先、用件と訪問後に直接帰宅することを伝えることにした。

c．訪問当日にやむを得ず訪問できない事情が生じたため、すみやかに上司に報告した後、お客さまにお詫びの連絡を入れたうえで、別の日に訪問させていただくよう調整した。

【選択肢】

	a	b	c
ア.	誤	正	正
イ.	誤	正	誤
ウ.	正	誤	正

（5）電話を受けるときの基本に関する記述として、適切なものを選択肢から選べ。

【選択肢】

ア．お客さまからの電話で話の内容が分からなかったため、「私は分かりません」とだけ伝え、回答できると思われる担当者へ電話を転送した。

イ．呼び出し音が鳴ったのですぐに電話に出たところ、上司あての連絡のため、相手の名前を確認したうえで「少々お待ちください」と伝えて、本人に電話を回した。

ウ．お客さまから先輩あての電話があったが、不在のため行き先と理由を伝えてから用件をメモにとり、要点を復唱し「たしかに承りました」と告げ電話を切った。

問5 次の新聞記事を読んで各問に答えよ。

（日本経済新聞　2021.10.20）

家電・家具サブスクを先導

スタートアップが家電や家具のサブスクリプション（定額課金）型サービスで攻勢をかける。レンティオ（東京・品川）は今後3年間で取扱在庫量を現状の4倍に増やす。高額商品を購入する前に、お試しで使いたい消費者の需要を掘り起こす。こうしたサブスク型の事業モデルにはシャープやニコンなど大手も関心を寄せており、ノウハウが豊富な新興勢と連携を深めている。

レンティオ、取扱在庫量4倍に

レンティオはこのほど、物流システムを手掛けるモノフル（東京・港）やベンチャーキャピタル（VC）のグロービス・キャピタル・パートナーズを引受先とする第三者割当増資で15億円を調達した。2024年をメドに家電などの取扱在庫量を現状の4倍の40万点まで積み上げる。

現在はカメラやロボット掃除機の取り扱いが中心だが、スマートフォンやパソコンにも品ぞろえを広げる考えだ。倉庫も現状の8倍近い2万6000平方メートルに拡張する。

レンティオのようなサブスク事業を手掛ける新興勢の起業が相次いだのは15年前後だ。消費スタイルがモノの「所有」から「共有」に変わる流れが強まり、「ロボット掃除機など全く新しい商品が相次ぎ、それを試すニーズが高まった」（レンティオの三輪謙二朗代表）。

特に高額品を試し、気に入ればそのまま購入できる事業モデルが受けている。調査会社のICT総研（東京・中央）が20年に公表した調査によると、「物品購入・レンタル」におけるサブスクの市場規模は23年に2620億円と17年の1・7倍に拡大する見込みだ。

9社が「公認」

有望な成長市場に大手メーカーも関心を寄せるが、事業立ち上げは簡単でない。商品を保管・点検する倉庫や、管理・点検する人材の採用にコストがかかる。盗難など不正を防ぐための厳格な与信審査の仕組みも必要だ。このため、先行する新興勢との連携を強めている。

高額品貸し出し シャープなど連携

手法は大きく2つある。まずはスタートアップ側が商品を直接購入する形だ。シャープはレンティオなどに調理器具や掃除機などを販売。シャープの奥田哲也・国内スモールアプライアンス事業部長は「レンタルを通じて商品を体験してもらう機会が増え、販売の幅が広がった」と手応えを語る。

もう一つが、レンタル業務を請け負う方式だ。エアークローゼット（東京・港）は20年春に、メーカー公認のレンタルサイトの運営事業を始めた。商品を預かり、利用者から受け取ったレンタル収益を分け合う。連携先を段階的に増やし、直近ではニコンや育児用品大手のピジョン、美容家電のヤーマンなど9社から公認を受ける。

エアークローゼットは、女性向け衣料品のレンタルが主力事業だ。そこで蓄積したノウハウや経験を生かし、サイト上での商品紹介や商品の保守点検、配送管理などを一括して担う。

6割が個人向け

新型コロナウイルス下で新たなニーズを掘り起こす手段としても期待される。法人向け家具大手のイトーキは5月、家具や家電のレンタルを手掛けるクラス（東京・目黒）と提携、オフィスチェアのレンタルを始めた。

在宅勤務の環境を整えるニーズを捉え、9月までに約2000脚を発送した。うち6割が個人向けという。イトーキのワークスタイルデザイン統括部の岡田直之統括部長は「個人の需要の高さに驚いた。家庭にもなじむような商品開発も検討したい」と意気込む。

クラスは9月に第三者割当増資で21億円を調達、人材を拡充しながらメーカーとの連携を広げる方針だ。中国電子機器メーカーの日本法人であるアンカー・ジャパン（東京・千代田）もクラスやレンティオ経由でロボット掃除機などを貸し出す。猿渡歩最高経営責任者（CEO）は「スタートアップの顧客基盤を活用して認知度を高めたい」という。

在庫を抱えるタイプのサブスク事業では、利用者の需要が縮小すれば在庫が業績の重荷となる。三菱UFJリサーチ&コンサルティングの鶴田陽平プリンシパルは「業績悪化のリスクがあるため、需要に見合った商品を丁寧に選択することが必要だ」と指摘している。

連携は2パターン

メーカー　商品を預ける　レンタル収益　スタートアップ　レンタル　月額利用料　利用者

メーカー　販売　商品売り上げ

市場規模は右肩上がり

億円（0, 1000, 2000, 3000）

2017年　18　19　20　21　22　23

（注）サブスクリプション（定額課金）型の物品購入・レンタル
（出所）ICT総研の推計

（※）記事のレイアウト、フォント、フォントサイズは変更されています。

（1）サブスクリプション（定額課金）型サービスの動向について、適切なものを選択肢から選べ。

【選択肢】

ア．商品を購入する前にお試しで使用できる家電や家具のサブスクで、レンティオなどのスタートアップが事業を拡大している。

イ．気に入った高額商品を購入せずに、サブスクで定額料金を支払って使い続けられるサービスの人気が最近は特に高まっている。

ウ．人々の消費スタイルが「共有」から「所有」に変わることで、サブスクでお試しを経て、商品を購入したいニーズが高まっている。

（2）サブスクの市場規模の記事やグラフに関する記述の正誤の組み合わせとして、適切なものを選択肢から選べ。

ａ．「物品購入・レンタル」におけるサブスクの市場規模は、2019 年には 2,000 億円を超え、2023 年に 2,620 億円となり、2017 年の 1.7 倍に拡大する見込みである。

ｂ．サブスクの市場規模は拡大傾向にあり、今後も 2023 年まで右肩上がりの成長が継続する見込みである。

ｃ．レンティオは市場規模の拡大を受けて、今後家電などの取扱在庫量を現状の８倍に増やし、倉庫も現状の４倍近い広さに拡張する。

【選択肢】

	a	b	c
ア．	正	誤	誤
イ．	正	正	誤
ウ．	誤	正	正

（3）スタートアップの連携に関する記述について、適切なものを選択肢から選べ。

【選択肢】

ア．スタートアップの攻勢にシャープやニコンなどの大手も関心を寄せ、これらの企業も独自に新しいサービスを始めることで、市場はさらに活性化すると考えられる。

イ．商品の保管や管理・点検、盗難などの不正を防ぐための仕組みやノウハウが、スタートアップには不足しており、大手企業と連携を進めている。

ウ．レンタル業務を請け負うエアークローゼットは、メーカーの公認を受けて、ウェブサイト上での商品紹介や保守点検、配送管理を一括で行っている。

（4）「連携は２パターン」の図と記事に関する記述について、下線部の語句のうち適切なものを選択肢から選べ。

サブスクにおける連携には、スタートアップがメーカーから商品を預かるパターンと商品を購入するパターンがある。スタートアップは、入手した商品を利用者に販売して月額手数料を得るサブスク型の事業モデルを運営している。なお、商品を預かるパターンでは、利用者減少による在庫増加リスクがあるため、スタートアップは、需要に合わせた商品の選択が必要になる。

【選択肢】

ア．利用者に販売

イ．商品を預かる

ウ．商品の選択

（5）サブスクにおける今後の取り組みに関する記述について、もっとも適切なものを選択肢から選べ。

【選択肢】

ア．オフィスチェアのレンタルを始めた法人向け家具大手のイトーキは、在宅勤務の環境を整えるニーズを捉えて約200脚を法人向けに発送、今後は家庭にもなじむような商品開発を検討している。

イ．新型コロナウイルスの影響で生まれた新たなニーズに対応するため、家具や家電のレンタルを手掛けるクラスは、資金面や人材面の拡充を行い、イトーキやアンカー・ジャパンなどのメーカーとの連携を強化している。

ウ．ロボット掃除機などを貸し出すアンカー・ジャパンは、サブスクを通じた自社の認知度向上のため、自社で持つ顧客基盤にスタートアップのノウハウを活用することを狙っている。

問6 次のケースを読んで各問に答えよ。

内田幸太郎は、インテリア雑貨を販売する「ノーブルライフ」に入社して４ヵ月の社員である。取り扱う商品は棚やテーブルなどの小型家具、照明やクッションなどの生活雑貨が中心で、M県を中心に20店舗が展開されている。ノーブルライフの本社では、商品企画や広告宣伝、商品仕入などを行っている。内田はK通り店に勤務し、店長の佐藤のもと、先輩社員の大竹から指導を受けながら、接客・販売、発注業務を担当している。

7月14日木曜日、内田と大竹は佐藤からサマーセールの指示を受けた。

佐藤「毎年実施しているサマーセールを今年は7月23日から7月31日までの期間で行う予定です。セールに向けて店内の在庫をいつもよりも多めに持つようにしてください。また、ＳＮＳで会員向けにサマーセールのＰＲをお願いします。」

大竹「承知しました。在庫は具体的にどれくらいの量という目安はありますか。」

佐藤「セール期間中に対象の商品は、通常の２倍ほどの販売数を期待していますので、セール初日の在庫は通常在庫の２倍を持つようにお願いします。大竹さんと内田さんの２人で確認しながら発注数を決めてください。」

内田「サマーセールの対象商品の在庫表を確認しながら進めていきます。」

指示を受けた大竹と内田は、最初に内田が発注数を計算し、大竹がそれを確認するという順番で進めることにした。

ノーブルライフではメーカーへの発注は本社を通して行われ、原則として、各店が月曜日、水曜日、金曜日の週３回15時までに発注システムに入力を行い、翌週の同じ曜日の開店時に入荷する仕組みになっている。内田がどのくらいの数量を発注するかを考えていると、家族連れのお客さまが来店された。しばらくフロアクッションに触れながら商品を選んでいたので、内田は声をかけてみた。

お客さま「このフロアクッションを４つ欲しいのですが。」

内田はすぐに手元の端末で在庫状況を調べた。

内田「申し訳ございません、在庫を調べましたが、こちらの現品を含めて３つしかご用意できません。次回の入荷は１週間後ですが、近くのＦ駅前店には在庫がございます。」

お客さま「昨日、新しい家に引っ越してきまして、子どもが気に入ったこのフロアクッションをこのまま車で持ち帰りたいのですが。」

（1）内田がとるべき行動として、もっとも適切なものを選択肢から選べ。

【選択肢】

ア．すぐに販売できる３つを用意して、残り１つは在庫がある商品から選ぶように提案して、持ち帰りできることを最優先にする。

イ．４つすべてをお持ち帰りできないことを伝え、本日は販売できないことを説明して納得していただくようにする。

ウ．すぐに用意できる３つを販売して、残り１つはＦ駅前店の在庫を取り置きしてもらいすぐに受取方法を調整する。

家族連れのお客さまの対応を終えて、その後も接客・販売に忙しく過ごしていた。閉店後に、サマーセールに向けて翌日の発注の準備を始めた。最初に対象製品のアクセサリーケースＲの計算に取りかかった。

（2）次の発注システムの在庫表は、サマーセール期間前までのアクセサリーケースＲの入荷予定数と販売予測数が表示されている。内田は在庫数の推移を確認した後、7月15日（金）に必要数を発注する。その発注数は、7月22日（金）の入荷予定数量となるが、下記の［ a ］の数値として適切なものを選択肢から選べ。

2022年7月14日（木）

発注システム（在庫表）

商品名：アクセサリーケースＲ

通常在庫数：10

	入荷予定数	販売予測数	在庫数
7月14日（木）	0	3	10
7月15日（金）	8	4	14
7月16日（土）	0	5	9
7月17日（日）	0	5	▨
7月18日（月）	10	3	▨
7月19日（火）	0	3	▨
7月20日（水）	4	2	▨
7月21日（木）	0	1	▨
7月22日（金）	［ a ］	1	▨

注）・7月14日（木）は閉店後の数値であり実績である。

・7月15日（金）、18日（月）、20日（水）の入荷予定数は、これらの日の１週間前に発注されており、当日に入荷される予定数である。

・販売予測数は、過去の販売データをもとにシステムが予測した数値である。

・在庫数は設問の都合上、一部を▨としている。

【選択肢】

ア．10

イ．12

ウ．15

計算したアクセサリーケースＲの発注数量について、大竹に問題がないことを確認してもらい、他の商品も同様に計算して、サマーセール対象品の発注数を決めていった。

翌日７月15日金曜日の朝、１週間前に発注していたバスケットＳを含めた商品が本社の物流センターから店舗に納入された。内田は担当商品の受け入れと陳列を行ったが、バスケットＳの１つに傷が付いていることに気がつき大竹に相談した。

内田「先ほど納入されたバスケットＳの側面に傷がありました。気になりましたので報告します。」

大竹「たしかに傷がありますね。よく気がつきました。このままお客さまに販売したらクレームになっていたかもしれません。」

内田「このバスケットＳはサマーセールの対象にもなっている商品です。」

大竹「それでは早めに本社に連絡を入れて交換してもらわないといけませんね。交換がセールに間に合えばよいのですが、間に合わないようであれば本日の発注分を１つ増やしたほうがよさそうです。返品依頼書を本社に送って、いつまでに交換が可能か確認してください。」

内田「承知しました。」

（3）作成する返品依頼書の空欄ｂに入れるべき語句として、もっとも適切なものを選択肢から選べ。

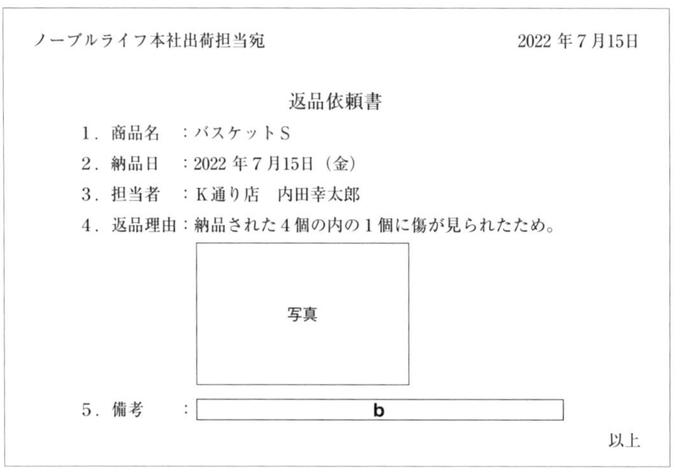
ノーブルライフ本社出荷担当宛　　2022年7月15日

返品依頼書

1．商品名　：バスケットＳ
2．納品日　：2022年7月15日（金）
3．担当者　：Ｋ通り店　内田幸太郎
4．返品理由：納品された4個の内の1個に傷が見られたため。

写真

5．備考　：　b

以上

【選択肢】

ア．本商品はサマーセールの対象商品ですので、交換がいつになるか、本日14時までにご連絡をお願いいたします。

イ．本商品はサマーセールの対象商品ですので、本日の発注分に1つ加えて納品をお願いいたします。

ウ．本商品はサマーセールの対象商品で多数の販売を見込みますが、これまでに傷のクレームがお客さまからなかったかお知らせください。

内田はバスケットＳの返品依頼書の内容について、大竹と佐藤の承認を得て本社に送り、その後、締め切り時間までに発注作業を済ませると、サマーセールのお知らせをＫ通り店の会員に向けて発信し、お得なセール対象商品の案内を行った。

翌日7月16日土曜日の夕方、内田が店舗でサマーセールの掲示物を貼ろうとしていると、先日、フロアクッションを購入されたお客さまが奥さまと一緒に来店された。

お客さま「ＳＮＳでサマーセールの案内をもらいました。セール品にあったキッチンボードを妻がとても気に入ったので予約したいのですが。」

内田「サマーセール対象品の予約ですか。確認しますので少々お待ちください。」

サマーセール対象品の予約への対応については、朝礼で店長から話があったことは覚えているが、内田は内容に自信がなかった。大竹に相談しようとしたが本社の広告宣伝部との会議で外出しているため、佐藤に確認しようとした。しかし、佐藤は相談カウンターで来客対応中であった。

（4）内田がとるべき行動として、もっとも適切なものを選択肢から選べ。

【選択肢】

ア．相談カウンターに行き、お客さまに朝礼の内容を理解していなかったことを伝えた後、佐藤に対応を依頼する。

イ．相談の内容をメモに書いて、一言お詫びをしてから来客対応中の佐藤に渡し、指示を仰ぐ。

ウ．大竹が本社での会議から戻るか、佐藤の打ち合わせが終わるまでお客さまに店内でお待ちいただく。

お客さまの対応を済ませると終業時間も近くなり、内田はサマーセールの準備を始めたこの３日間の出来事を振り返ってみた。

（5）内田のこれまでの行動を振り返り、今後改善すべき対応について、もっとも適切なものを選択肢から選べ。

【選択肢】

ア．サマーセールの準備があるときは接客を控えて、お客さまから質問や相談があるまでは話しかけないようにするべきであった。

イ．サマーセールに向けた商品の発注では、業務の効率をあげるために大竹に頼らないですべて一人で対応すべきであった。

ウ．上司からの指示や連絡事項はきちんとメモを取り、いつでも読み返して確認できるようにしておくべきであった。

問7 **S社はスポーツ用品店を２店舗展開しており、売り場レイアウトの変更を計画している。＜資料１＞は「売上高とカテゴリー別売上構成比の推移」、＜資料２＞は「カテゴリー別売り場面積の比率（2019年～）」である。これらの資料を見て各問に答えよ。**

<資料1>　売上高とカテゴリー別売上構成比の推移

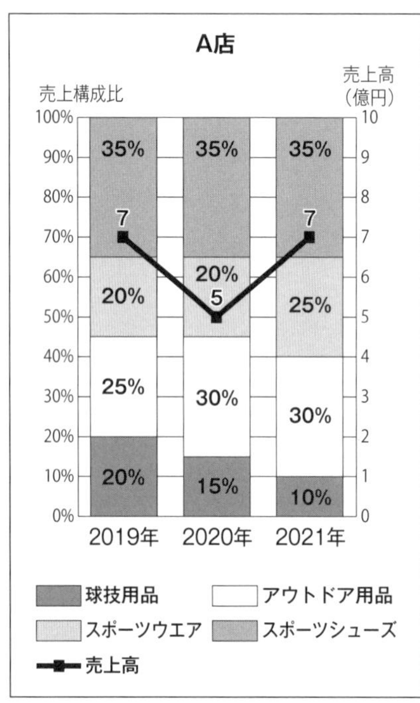

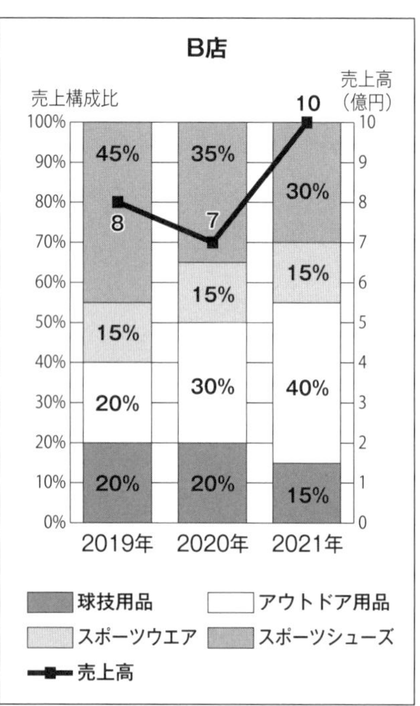

<資料2>　カテゴリー別売り場面積の比率（2019年～）※

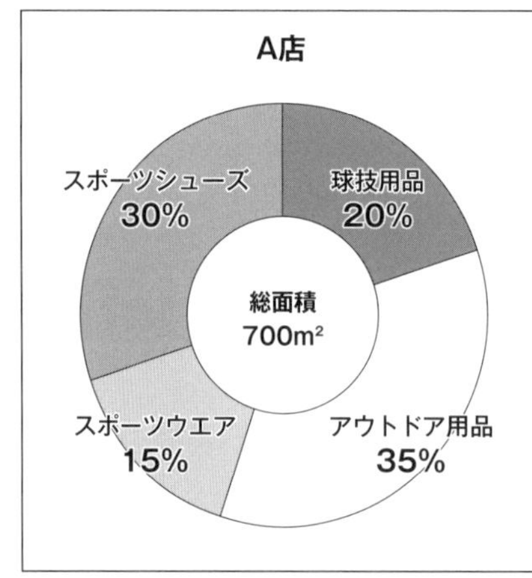

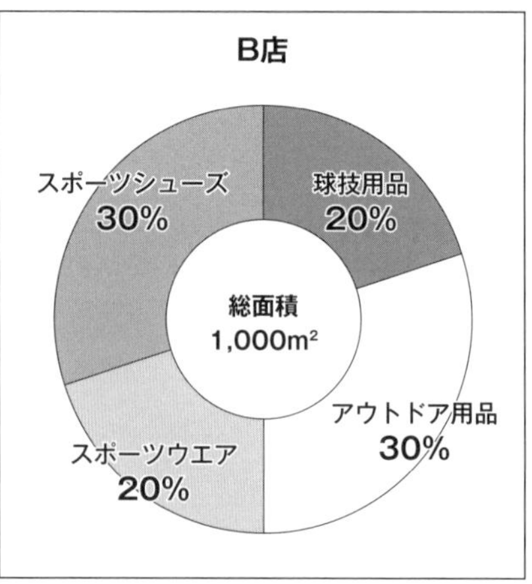

※各店の総面積とカテゴリー別売り場面積の比率は2019年から変化はない。

（1）＜資料１＞に関する記述について、下記の［　　　］に入れるべき語句の組み合わせとして、適切なものを選択肢から選べ。

A店、B店ともに売上高は、2020年に減少したが2021年には回復し、［　a　］では2019年を上回った。2019年と2021年を比較して売上構成比の推移に着目したときに、A店、B店ともに売上構成比が増加したのが［　b　］であり、ともに売上構成比が減少したのが［　c　］である。

【選択肢】

	a	b	c
ア.	B店	スポーツウエア	球技用品
イ.	A店	アウトドア用品	スポーツウエア
ウ.	B店	アウトドア用品	球技用品

（2）＜資料１＞から読み取れるA店およびB店のカテゴリー別売上高の傾向に関する記述について、適切なものを選択肢から選べ。

【選択肢】

ア. スポーツシューズの売上高を2020年と2021年で比較すると、A店では変化がなく、B店では減少した。

イ. スポーツウエアの売上高を2019年と2021年で比較すると、A店、B店ともに増加した。

ウ. 球技用品の売上高を2020年と2021年で比較すると、A店、B店ともに減少した。

（3）＜資料２＞から読み取れるA店およびB店のカテゴリー別売り場面積に関する記述について、適切なものを選択肢から選べ。

【選択肢】

ア. 球技用品の売り場面積を比較すると、A店とB店ともに140㎡である。

イ. アウトドア用品の売り場面積を比較すると、B店は300㎡でありA店よりも広い。

ウ. A店、B店ともにスポーツシューズ売り場とスポーツウエア売り場の合計面積は、全売り場面積の半分以上を占める。

（4）＜資料１＞、＜資料２＞から読み取れるＡ店およびＢ店の売り場面積１㎡あたりの売上高に関する記述について、下線部の語句のうち適切なものを選択肢から選べ。

2019 年のＡ店の売り場面積１㎡あたりの売上高は、売上高７億円÷総面積 700㎡で計算され、１㎡あたり 100 万円となる。同様の計算から、2019 年の売り場面積１㎡あたりの売上高は、Ｂ店の方が大きく、2021 年はＡ店とＢ店は等しくなる。また、カテゴリー別売上高をカテゴリー別売り場面積で割ると、各カテゴリーの面積あたりの売上高を比較することができる。2021 年のＢ店で、売り場面積１㎡あたりの売上高がもっとも大きいのはスポーツシューズ売り場である。

【選択肢】

ア．Ｂ店の方が大きく

イ．Ａ店とＢ店は等しく

ウ．スポーツシューズ

（5）＜資料１＞、＜資料２＞から、売上高の推移と売り場レイアウト変更の方向性に関する記述の正誤の組み合わせとして、適切なものを選択肢から選べ。

ａ．Ａ店、Ｂ店ともに、2021 年のアウトドア用品の売上高が 2019 年の２倍以上に増加しているため、アウトドア用品の売り場の大幅な拡大を検討する。

ｂ．Ａ店では、2021 年は球技用品の売上高のみが 2019 年に対して減少しているため、球技用品の売り場縮小を検討する。

ｃ．Ｂ店では、2021 年の売上高のうち 2019 年より減少したカテゴリーはないが、売上構成比が減少しているスポーツシューズと球技用品の売り場の縮小を検討する。

【選択肢】

	a	b	c
ア.	誤	正	誤
イ.	正	誤	正
ウ.	誤	正	正

文部科学省後援　令和４年度後期

ビジネス能力検定 ジョブパス 3級

＜実施　令和４年 12 月４日(日)＞

（説明時間　10：20 ～ 10：30）
（試験時間　10：30 ～ 11：30）

・試験問題は試験監督者の指示があるまで開かないでください。
・解答用紙（マークシート）への必要事項の記入は、試験監督者の指示があるまで行わないでください。

・机の上には、受験票および筆記用具以外は置かないでください。電卓、辞書、参考書等の使用はできません。
・この試験問題は20ページあります。試験監督者の指示と同時にページ数を確認してください。乱丁等がある場合は、手をあげて試験監督者に合図してください。
・試験監督者の指示と同時に、解答用紙（マークシート）に、受験者氏名・受験番号（下11桁）を記入し、受験番号下欄の数字をぬりつぶしてください。正しく記入されていない場合は、採点されませんので十分注意してください。
・試験問題は、すべてマークシート方式です。正解と思われるものを１つ選び、解答欄の()をHB の黒鉛筆でぬりつぶしてください。ボールペン等、鉛筆以外を使用した場合は採点されません。また、２つ以上ぬりつぶすと、不正解になります。
・試験問題についての質問には、一切答えられません。
・試験中の筆記用具の貸し借りは一切禁止します。
・試験を開始してから30分以内および試験終了５分前以降の退場はできません。30分経過後退場する場合は、もう一度、受験者氏名・受験番号・マークが記入されているか確認し、試験監督者の指示に従って退場してください。**(再入場不可)**
試験問題は持ち帰ってください。
・合否の発表は令和５年１月下旬の予定です。合否の通知は団体経由で行い、合格者へは合格証を同封します。
・合否結果についての電話・手紙等でのお問い合わせには、一切応じられません。

一般財団法人　職業教育・キャリア教育財団

問1 次の□に入れるべき適切な語句を選択肢から選べ。

（1）モノやサービスの価格が持続的に上昇していき、相対的にお金の価値が下がっていく現象のことを□という。

【選択肢】

ア．デフレーション　イ．インフレーション　ウ．貿易摩擦

（2）二酸化炭素やフロン、メタンガスの増加、森林破壊などの要因で、地球表面の大気や海洋の温度が上昇していく現象のことを□という。

【選択肢】

ア．地球温暖化　イ．温室効果ガス　ウ．特別警報

（3）高齢者や障がい者などに対して特別な配慮を必要とせず、一般の人々と変わらずに生活ができることを当たり前とする社会のことを□という。

【選択肢】

ア．高齢化社会　イ．バリアフリー　ウ．ノーマライゼーション

（4）2020年３月から実用化され、動画の大容量化やＩｏＴの普及拡大に必要な、高速かつ同時に多くの端末と接続可能な移動通信システムのことを□という。

【選択肢】

ア．５Ｇ　イ．Wi-Fi　ウ．ｅスポーツ

（5）インターネットで新商品情報などを配信して集客を行い、実際の店舗に顧客を誘導するマーケティング手法のことを□という。

【選択肢】

ア．ＰＯＳ　イ．Ｏ２Ｏ　ウ．非対面ビジネス

問2 次の各問に答えよ。

(1) 仕事の基本姿勢に関する記述の正誤の組み合わせとして、適切なものを選択肢から選べ。

a．品質意識とは、自分の仕事に要求されている条件を理解し、その要件を満たし丁寧に仕事を進めようとする意識である。

b．納期意識とは、たとえ仕事の質に不十分な点があっても、お客さまとの間や部門間などで決められた仕事の完了期日を優先して守ろうとする意識である。

c．協調意識とは、周囲の空気を読むことが大切なため、同僚の仕事のやり方に対する意見は慎むようにする意識である。

【選択肢】

	a	b	c
ア.	正	誤	誤
イ.	誤	正	誤
ウ.	正	誤	正

(2) コミュニケーションに関する記述として、適切なものを選択肢から選べ。

【選択肢】

ア．職場では、同僚と仕事を円滑に進めるため、気の合わない人とのコミュニケーションよりも、気の合う人とのコミュニケーションを優先するとよい。

イ．テレワークでは、Ｅメールや電子掲示板など職場から指定されたアプリケーションのツールを用いて、仕事の進捗状況を職場のメンバーに発信するとよい。

ウ．職場の仕事におけるチームワークや協調性は大切であるが、仕事を離れたところでは上司や先輩との上下関係は意識しない方がよい。

（3）先輩や上司への相談の仕方に関する記述の正誤の組み合わせとして、適切なものを選択肢から選べ。

a．相談したいことは事前に整理して、自分なりの考えをまとめてから相談する。
b．相談したいことが出てきたら、上司や先輩の都合よりも自分の相談を優先してもらうようにお願いする。
c．相談を効率的に行うために、上司には結論である解決策を最初に言ってもらうようにお願いする。

【選択肢】

	a	b	c
ア.	正	誤	正
イ.	誤	正	誤
ウ.	正	誤	誤

（4）定型業務と非定型業務に関する記述として、適切なものを選択肢から選べ。

【選択肢】

ア．上司に報告するための営業活動日報の作成は、報告内容が決められているため定型業務である。
イ．毎月末に取引先に発行する請求書の作成は、月々の請求額が異なるため非定型業務である。
ウ．お客さまから寄せられた要望に応えて生まれた商品の企画・開発は、要望事項に沿って行われるため定型業務である。

（5）情報セキュリティに関する記述として、適切なものを選択肢から選べ。

【選択肢】

ア．官公庁のホームページから経済財政白書をダウンロードして入手する場合は、相手が信頼できるので、コンピュータウイルス感染対策は不要である。
イ．会社のパソコンのパスワードを情報システム部門の指示に従って適切に管理することは、なりすましてアクセスされるなどのリスクを防ぐことにつながる。
ウ．就業時間中に予定の仕事が終わらなかったため、会社のパソコンから資料のファイルを自分のパソコンに送信し、帰宅後に自分のパソコンで仕事を終わらせた。

問3 次の用語の説明として適切なものを選択肢から選べ。

（1）クールジャパン

【選択肢】

ア．近年は新型コロナウイルス感染症の流行で入国制限の影響を受けているが、訪日外国人が、買い物や宿泊、飲食など日本国内でモノやサービスを購入すること。

イ．医療、社会福祉や介護、電気・ガス・水道の供給といった、社会生活の維持に不可欠な仕事をしている人々の総称のこと。

ウ．世界が認める漫画、アニメ、ゲーム、ファッションなどの日本発の文化を、海外に積極的に発信･展開し、日本の経済成長に繋げていく取り組みのこと。

（2）カスタマーハラスメント

【選択肢】

ア．顧客による暴言・暴力や嫌がらせ、過度な要求、悪質なクレームなど、近年増加傾向にある迷惑行為のこと。

イ．職務上の地位などの優位性を背景に、同じ職場で働く人などに対して、業務の適正な範囲を超えて精神的・身体的な苦痛を与える行為のこと。

ウ．精神的な健康を損なわないための予防や、精神状態が不安定になった場合には周囲がサポートすることで早期に改善を促すなどの心の健康管理のこと。

（3）ユネスコ

【選択肢】

ア．1995 年に創設され、貿易の自由化のために国際ルールを定めたり、加盟国間の交渉の場を設けたりする国際機関のこと。

イ．1946 年に創設され、世界遺産を登録するなど、教育、科学、文化の協力と交流を通じて、国際平和と人類の福祉の促進を目的とした国際連合の専門機関のこと。

ウ．1993 年に創設され、欧州諸国が加盟する外交・安全保障政策の共通化と通貨統合を目的とした統合体のこと。

（4）サイバー攻撃

【選択肢】

ア．他者が制作した音楽やイラスト、文章などを、無断で自分のホームページやＳＮＳに使用することで、法律で守られている他者の権利を侵害する行為のこと。

イ．ＳＮＳなどインターネットを用いて、他人の悪口や根拠のないことを言いふらして名誉を傷つけるなど、特定の個人を一方的に誹謗中傷する行為のこと。

ウ．ネットワークを通じて、組織内の特定の個人を攻撃する標的型メールや、企業に対してランサムウェアを仕掛けることで、データ窃盗・改ざん・破壊やシステムの機能停止などを行うこと。

（5）シェアビジネス

【選択肢】

ア．航空券やスポーツ観戦のチケットなどの販売価格の決定方法で、直近の需要と供給に合わせて、日ごと、時間帯ごとに価格を変動させること。

イ．借り手と貸し手のマッチングにより、使っていない部屋や自動車などを、必要とする人に有料で貸し出すビジネスのこと。

ウ．動画・音楽配信、自動車や外食など多くの産業分野に広がっており、定額料金で一定期間、商品取得やサービス利用の権利を購入するビジネスモデルのこと。

問4 次の各問に答えよ。

（1）自分と上司がお客さまとタクシーに同乗して案内するさいに、図のような車内での席次について、適切なものを選択肢から選べ。

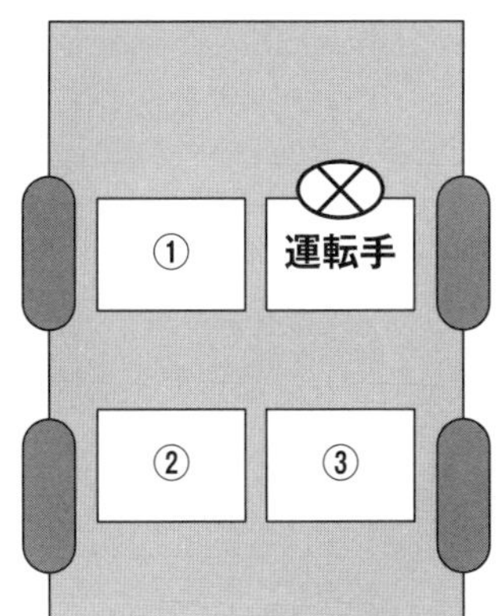

【選択肢】

	①	②	③
ア.	自分	上司	お客さま
イ.	上司	自分	お客さま
ウ.	お客さま	自分	上司

（2）営業部の社員が、取引先M社の佐藤さまに商品の価格改定を説明するためにアポイントメントを取って訪問する一連の流れについて、適切なものを選択肢から選べ。

① 佐藤さまに電話で、訪問の目的、希望する訪問日時と説明に要する時間、訪問する人数を伝えて了承を得る。
② 佐藤さまとの商談の内容や訪問の結果をまとめて、上司に報告する。
③ 持参する資料がカバンの中に入っていることを確認し、時間に余裕をもって出発する。
④ 価格改定を説明する資料を作成し、上司の承認を得る。
⑤ M社に販売実績がある商品に関する改定前の価格などの情報をまとめ、上司と価格改定の件で打ち合わせを行う。

【選択肢】

ア．⑤→①→④→②→③
イ．①→⑤→③→④→②
ウ．⑤→④→①→③→②

（3）ある弁当販売店が秋の行楽シーズンの販売目標達成に向けて実施する各業務と該当するＰＤＣＡサイクルの組み合わせについて、適切なものを選択肢から選べ。

a．秋の行楽シーズンにおける販売目標達成に向けて、旅行やハイキングを意識したキャンペーンを行い、お弁当などの商品ラインナップを充実させることにした。

b．天候に恵まれた日がこれから続くとの予報であったため、おにぎりやサンドイッチ、惣菜など、アウトドアでも楽しめる商品の販売を強化した。

c．旅行やハイキングをする人々に向けたチラシ・ポスターなどを店内に飾り、お弁当やおにぎり、サンドイッチなどの種類、数量を確保して販売した。

d．お弁当などの商品は、品切れになる日もあれば余る日もあったが、販売数に日々のばらつきがあるのは天候に左右されるためと判断した。

【選択肢】

	a	b	c	d
ア．	PLAN	DO	ACTION	CHECK
イ．	PLAN	ACTION	DO	CHECK
ウ．	DO	CHECK	PLAN	ACTION

（4）グラフの作成に関する記述について、もっとも適切なものを選択肢から選べ。

【選択肢】

ア．ホームセンターが各店舗の売上を比較するため、昨年度の売上高を折れ線グラフで作成して比較した。

イ．学習塾が生徒数の推移を見るために、過去10年間の生徒数の推移をレーダーチャートで作成して把握した。

ウ．自動車販売店が車種別の販売傾向を知るために、車種別販売台数の割合を円グラフで作成して分析した。

（5）次の社内文書について、下記の［　　　］に入れるべき語句の組み合わせとして、適切なものを選択肢から選べ。

［ a ］

令和４年12月１日

人事部長

勤務管理システムのオンライン講習について

令和５年１月からの勤務管理システム導入にあたり、システムへの入力方法などを説明するオンライン講習を下記の通り開催します。
つきましては、講習期間中に必ず受講してください。

記

1．受講期間　令和４年12月10日～12月28日
2．対象者　全社員
3．［ b ］　次のＵＲＬにアクセスし勤務管理システムの説明動画を視聴してください。（視聴時間30分）
ＵＲＬ：https://www.kinmu.jinji.com/abc
受講期間中は何回でも視聴可能です。
4．講習内容　①勤務管理システムへのアクセスと利用方法
②勤務状況、休暇申請などの入力・修正方法
5．問い合わせ先　人事部　担当　岩村、島田（内線2435）

［ c ］

【選択肢】

	a	b	c
ア.	社員各位	受講方法	以上
イ.	社員御中	動画ＵＲＬ	以上
ウ.	社員各位	受講方法	敬具

問5 次の新聞記事を読んで各問に答えよ。

（日本経済新聞　2022.1.8）

進め！イノ米ション

見直し機運広がる

ビールや歯ブラシに

日本人のコメ消費が減る中、新たな技術と発想でコメビジネスが進化している。一人暮らしやダイエット中でも食べやすい商品、コメでできたビールに歯ブラシ……。輸入食材が高騰し、パンやパスタなど様々な食品が値上がりしている。今、コメを見直す機運が広がっている。

コメ卸、幸南食糧（大阪府松原市）は2021年11月、専門店「つながるおこめ」を同市に開店した。つきたての餅で「いちごみるく」「ずんだ」などのあんを包んだカラフルな大福、全国のご飯のお供など関連商品が500種以上そろう。

若い世代に訴求

単身や共働き世帯が増え、コメの買い方が変化している。自社で炊き上げる「たこめし」など1人用のカップ飯は平日に100個以上売れる。卸の目利き力をいかし、玄米はコーヒー豆専門店のように味の特徴をチャートで表示。30代の夫婦は「少量から精米してくれるので、食べ比べも楽しい」と笑う。

「チャーハンに合うお米」、冷めても硬くなりにくく「おにぎりに合うお米」、すしや焼き肉など料理ごとのブレンド米も開発した。川西孝彦社長は「若い世代にコメをもっと身近に感じてもらいたい」と話す。背景にあるのは危機感だ。

農林水産省によると、年間1人当たりのコメ消費量は、20年度に50・7㌔と半世紀で半減した。食の多様化などが指摘され、主食としての地位が揺らいでいる。「低糖質ダイエットのためご飯は避けたい」や「朝食はパンの方が簡単」などの声もある。新型コロナウイルス禍でさらに在庫がだぶつき相場は下落。経営を維持できるかギリギリの農家も多い。

そんな風潮を変えるかもしれない商品が誕生している。イノベーションならぬ「イノ米ション」の動きだ。

スカイピアクリエイションズ（東京・渋谷）は21年9月、原材料の99％が玄米の麺「99麺（ククメン）」（5食1799円）を発売した。「体形を気にする人も罪悪感なくコメを食べてもらいたい」（同社）との思いで、秋田県の製麺会社と開発した。

ほぼ玄米のため、食物繊維やビタミン、ミネラルなどの栄養素を豊富に含む。飲食店の採用も進んでいる。キュラティヴキッチン（東京・渋谷）は担々麺やサラダ風で提供する。「もちもちの食感でおコメのほのかな甘みもある」（峯尾てをり店長）。低糖質のため「筋トレをしている男性にも好評」という。

北陸では今冬「北陸米BEER」（1本350ミリリットル、398円）がファミリーマートで限定発売された。石川、富山、福井県のブランド米を3割以上配合した。「刺し身に合う」（金沢市の魚料理店）と評判だ。宮城県や新潟県、大阪府など全国でコメを使った地ビールが誕生している。

アレルギーが少ないのもコメの特徴だ。酒造大手の福光屋（金沢市）はコメを独自技術で発酵させた「ライスミルク」を販売する。「原料はコメ100％なので、乳製品アレルギーの人も、グラタンや菓子などの料理に使える」（同社）。小麦粉の価格が高騰する中、米粉を使う菓子が増えているほか、新技術でコメのチーズやお茶なども登場している。

代替プラに昇華

バイオマスレジンホールディングス（東京・千代田）はコメでバイオマスプラスチックを作っている。非食用米や古米のほか、酒蔵や菓子工場で捨てられるコメの破片を集め、独自技術で石油系プラスチックの代替となる新素材にアップサイクルしている。

SDGs（持続可能な開発目標）の一環として、メーカーからの引き合いが増えており、すでに郵便局のレジ袋や自治体指定のゴミ袋などに使われている。

歯ブラシや食器、ストロー、おしぼり袋、玩具など応用が広がっており、東北や九州、北陸などに工場を新設する。年間3000㌧の生産能力を「25年までに年間10万㌧にする」（神谷雄仁社長）方針だ。

コメの消費減少や高齢化による担い手不足などで、耕作放棄された水田が増えている。水田は食糧安全保障のほかに、農村の景観維持や自然災害防止など多面的機能がある。バイオマスレジンが原料に使う非食用米は、食用米と比べ栽培が簡単という。神谷社長は「耕作放棄地を再生し、日本の農業に貢献したい」と話している。

コメの消費量は50年で半減

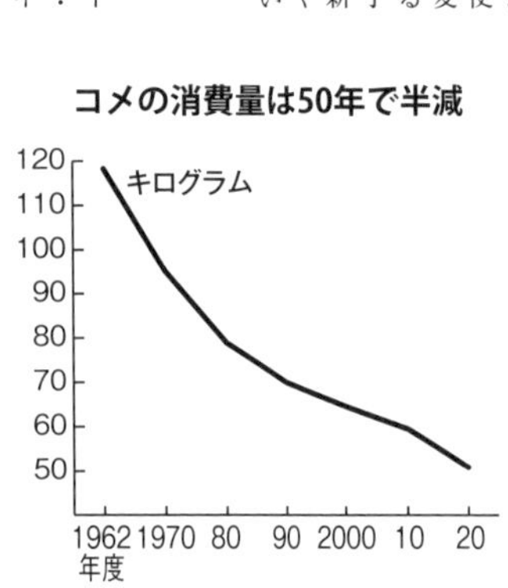

キログラム
120
110
100
90
80
70
60
50
1962年度　1970　80　90　2000　10　20

（注）1人1年あたり（出所）農林水産省

（※）記事のレイアウト、フォント、フォントサイズは変更されています。

（1）最近の日本人のコメの買い方の変化について、適切なものを選択肢から選べ。

【選択肢】

ア．単身や共働き世帯が増えたことで、1 人用のカップ飯やさまざまな玄米を少量から精米するサービスが人気を集めている。

イ．パンやパスタなど食品の値段が下がっている中でも、一人暮らしやダイエット中でも食べやすい商品としてコメが注目されている。

ウ．日本人のコメ消費が減少する中、古くからある技術を生かしてコメでできたビールや歯ブラシが開発されるなど、コメビジネスが進化している。

（2）日本人のコメの消費量の動向についての記事やグラフに関する記述の正誤の組み合わせとして、適切なものを選択肢から選べ。

a．2020 年度の日本人の年間１ 人あたりのコメ消費量は 1962 年度と比較して半減しているが、コメの主食としての地位は揺るぎないものとなっている。

b．新型コロナウイルスの影響を受けたコメ相場の下落や、食の多様化にともなう消費者のコメ離れにより、苦しい経営を強いられるコメ農家も多い。

c．「チャーハンに合うお米」や「おにぎりに合うお米」など、若い世代にもコメをもっと身近に感じてもらいコメの消費量を増やすための商品の開発が進んでいる。

【選択肢】

	a	b	c
ア.	正	誤	誤
イ.	誤	正	誤
ウ.	誤	正	正

（3）コメの「イノ米ション」に関する記述について、適切なものを選択肢から選べ。

【選択肢】

ア．スカイピアクリエイションズは、体形を気にする人も罪悪感なくコメを食べられるよう、原材料の 99%が玄米の麺を自社独自で開発した。

イ．キュラティヴキッチンは、低糖質ながら食物繊維やビタミン、ミネラルなどの栄養素を豊富に含む「99 麺（ククメン）」を担々麺やサラダ風で提供している。

ウ．ファミリーマートは石川、富山、福井県のブランド米を３割以上配合した「北陸米ＢＥＥＲ」を発売し、肉料理に合うと評判を得ている。

（4）コメの特徴を活かした商品開発に関する記述について、下線部の語句のうち適切なものを選択肢から選べ。

乳製品の価格が高騰する中、糖質が少ないというコメの特徴を生かすため、コメ 100%を原料に独自技術で発酵させた商品で、グラタンや菓子などの料理に使える「ライスミルク」や、玄米を材料に使う菓子、コメのチーズやお茶などが注目されている。

【選択肢】

ア．糖質

イ．発酵

ウ．玄米

（5）コメとＳＤＧｓ、農業問題に関する記述について、もっとも適切なものを選択肢から選べ。

【選択肢】

ア．バイオマスレジンホールディングスは、非食用米や古米のほか、栽培地で捨てられるコメの破片を集め、独自技術で石油系プラスチックの代替となるバイオマスプラスチックを生産している。

イ．水田は、農村の景観維持や自然災害防止などの機能を持つため、コメの消費減少や高齢化による担い手不足などで耕作放棄された水田を他の用途に切り替え、それらの機能を代替させることが求められている。

ウ．バイオマスプラスチックは、郵便局のレジ袋や自治体指定のゴミ袋、歯ブラシや食器、ストロー、おしぼり袋、玩具などへの応用が広がっており、ＳＤＧｓに取り組むメーカーからの引き合いが増えている。

問6 次のケースを読んで各問に答えよ。

松野果奈は、清涼飲料水などを製造・販売する「エクセレント飲料」に入社して９ヵ月となる社員である。本社の総務課に所属しており、上司の田辺課長のもと、先輩社員の石井から業務の指導を受けながら、来客対応や社内の机や椅子、文房具などのオフィス用品全般の管理手配を任されている。また、現在は３ヵ月後に予定されている本社営業部フロアのレイアウト変更の担当として、田辺の指示のもと石井とともに業務を行っている。このレイアウト変更の目的は、テレワークの自宅勤務の社員が増え、自由に働く席を選択できるフリーアドレスに対応するものである。

ある朝、松野が出勤してＥメールを開くと「オフィス･チェンジ」の今田から、レイアウト変更のスケジュールと見積もりについて、急ぎでいくつか確認したい点があるとのメールが入っていた。オフィス・チェンジとは長年取引があり、机や椅子といったオフィス用品の新規購入と引き取り（買い取りやリサイクルなど）のどちらも対応してくれるため、今回のレイアウト変更の案件もお願いしている。松野は、今田がメールで確認したいと問い合わせのあった買い取り品の出張査定の条件や候補日については把握しておらず、自分では回答できないと思った。田辺と石井は研修のため外出しており、今日は13時まで戻らない予定だ。

（１）今田からのメールを受け取った松野の対応として、不適切なものを選択肢から選べ。

【選択肢】

ア．取り急ぎメールを確認したことを今田に知らせ、上司の田辺が戻り次第確認し、午後あらためて回答すると返信する。

イ．確認したい点やいつまでに回答する必要があるかを聞いて、必要であればその内容を外出先の田辺または石井へ連絡する。

ウ．田辺が外出中ですぐに指示を受けられないため、田辺が戻るまで今田への連絡は控える。

その後、13 時になり田辺と石井が研修から戻ってきた。しばらくすると田辺が松野に声を掛けてきた。

田辺「松野さんに今日の午前中までにお願いしていましたが、営業部のレイアウト変更で新たに購入する必要がある机や椅子、オフィス用品の種類や数量の算出資料はできましたか。」

今回のレイアウト変更では新たに注文する机や椅子の他、処分のために引き取ってもらうものが発生する。15 時から営業部と本件の打ち合わせが行われるため、資料の締め切りが今日の午前中までだったことを松野は思い出した。オフィス・チェンジの今田からのメールでの問い合わせに気を取られ、松野は営業部に確認や催促の連絡を入れていなかった。

13 時半を過ぎても、営業部からレイアウトや必要な机、椅子の数についての要望が届いていない。松野は、営業部担当者にはこの日の 15 時からの打ち合わせに使用するため間に合うように作成して欲しいと依頼をしたものの、明確な期限を設けていなかった。

（2）締め切りまでに資料が完成できなかった松野の対応として、適切なものを選択肢から選べ。

【選択肢】

ア．営業部から要望が上がってこない以上、自分では何も進められない、と資料が完成しなかった理由を田辺に述べる。

イ．すぐに営業部の担当者に連絡を入れて状況を確認し、田辺に資料の提出が遅れることを伝えて、指示を仰ぐ。

ウ．依頼はしてあるので、資料の作成は田辺が直接営業部に問い合わせをして、対応するようにお願いする。

その後、資料が完成し、営業部と総務課で打ち合わせを行った。そこでレイアウト変更のおおよそのスケジュールと机や椅子などのオフィス用品で新たに注文するもの、処分のために引き取ってもらうものの数量が確定した。社内の最終許可を取るためには、費用や金額の条件を記載した書類を作成し、承認を得る必要がある。松野はオフィス・チェンジの今田に電話をして、打ち合わせで決まった条件と見積書に必要な内容を伝えて見積もりを依頼することにした。

（3）オフィス・チェンジに見積書を作成してもらうために、松野が今田に伝えるべき項目の組み合わせとして、もっとも適切なものを選択肢から選べ。

a．新規購入する机や椅子などの品番とその数量
b．見積書の有効期限
c．見積書の提出希望日
d．納品と引き取りの希望日
e．レイアウト変更の完了予定日
f．引き取りを依頼する机や椅子などの品番と数量
g．見積もりから納品までの所要日数

【選択肢】

ア．	a、b、d、g
イ．	b、c、e、f
ウ．	a、c、d、f

数日後の午後に、オフィス・チェンジから見積書が送られてきた。松野が内容を確認したところ、新規購入予定の机の数量が依頼していた数量と違うことに気づいた。松野はオフィス・チェンジの今田へ電話をした。

松野「見積書を確認しましたが、新規購入予定の机の数量が、先日お伝えした数量と違っています。正しい数量に直して、見積書の再提出をお願いします。」

今田「申し訳ございませんでした。確認後、対応いたします。また誠に申し訳ないのですが、私は、今日と明日は外出の予定ですので、明後日の午前中の提出でもよろしいでしょうか。」

松野は、石井から、明日までに見積書を受け取り金額や内容について確認したあと、明後日に田辺に報告できるようにと言われていたが、今日、田辺は休暇中で石井も社内の打ち合わせで離席していた。今田が外出予定であればやむを得ないと考え、明後日の受け取りを了承した。

夕方、終業時刻が近づいた頃、松野は日報を書いた。

業務日報		
2022年＊月＊日(月)	記入者　総務課	a

1．件名：営業部 b の件

① 午後、オフィス・チェンジの今田さまより、見積書の提出を受けた。
② 見積書の新規購入の机の数量に誤りがあったため、今田さまへ電話をして、見積書の再提出を依頼した。今田さまが外出の予定とのことで見積書の再提出は明後日となった。
③ c は明後日となる。

（4）松野が作成した日報の空欄a ～ c に入れるべき語句の組み合わせとして、適切なものを選択肢から選べ。

【選択肢】

	a	b	c
ア．	田辺課長	オフィス用品提案書	営業部への口頭での報告
イ．	松野果奈	オフィス用品見積書	田辺課長への見積書の再提出
ウ．	松野果奈	オフィス用品見積書	営業部への見積書の再提出

松野が日報を書き終えて、メールで田辺と石井に提出しようとしていたとき、石井が打ち合わせから戻ってきた。

松野「今田さんから見積書は送られてきましたが、新規購入の机の数量に誤りがあったため修正を依頼しました。見積書の再提出は明後日になる予定です。」

その話を聞いた石井は困った顔をして、松野に事情を説明するよう求めた。

（5）松野の一連の行動を振り返り改善すべき点に関する記述について、不適切なものを選択肢から選べ。

【選択肢】

ア．社外の人と仕事をするときは、上手に付き合う必要があるため、仕事の期日の変更には積極的に対応するように心掛ける。

イ．他部署に仕事を依頼するときは、いつまでにといった期限をしっかり伝え、全体のスケジュールも把握するように心掛ける。

ウ．取引先への返答に困ったときは、勝手に判断をせずに周囲に相談をしてから回答するように心掛ける。

問題を読みやすくするために、この
ページは空白にしてあります。

問7 道の駅Wは、店頭販売に加え、2018年からインターネットでも名産品の販売を開始している。<資料1>は「カテゴリーごとの売上高とECサイト会員数の推移」、<資料2>は「商品の満足度アンケートの結果」である。これらの資料を見て各問に答えよ。

<資料1>　カテゴリーごとの売上高とECサイト会員数の推移

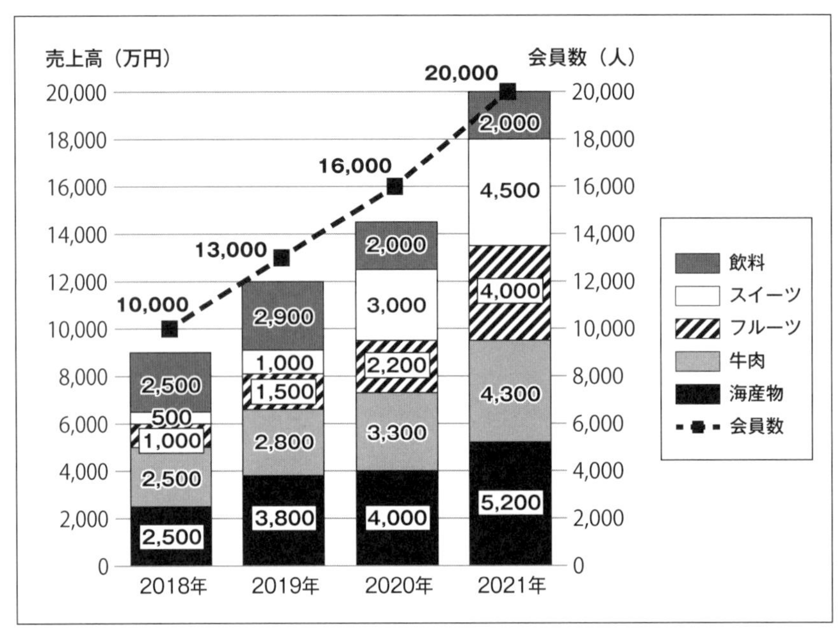

<資料2>　商品の満足度アンケートの結果

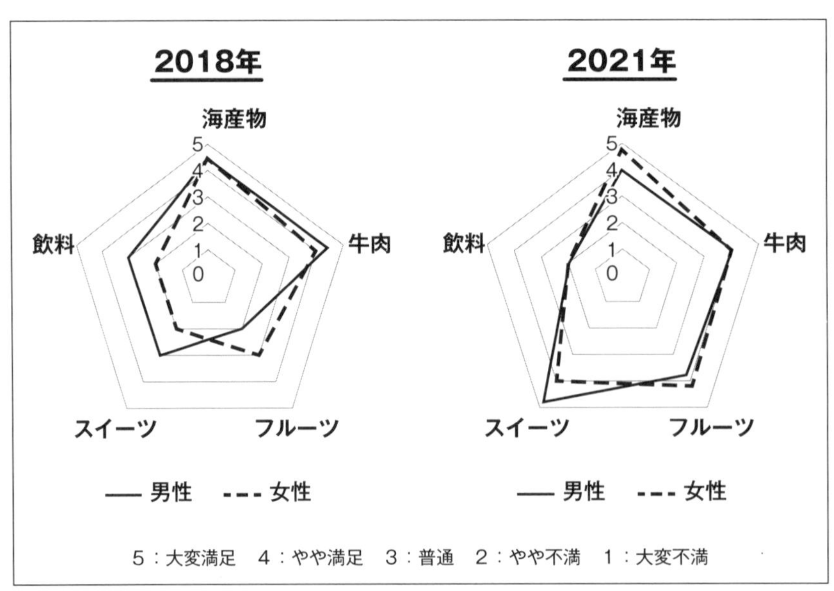

（1）<資料１>から読み取れる売上高と会員数に関する記述について、適切なものを選択肢から選べ。

【選択肢】

ア．売上高と会員数はともに増加しているが、2021 年の会員の増加人数は、前年と比較して鈍化している。

イ．2018 年から 2021 年の売上高の推移を見ると、すべてのカテゴリーで売上高は増加している。

ウ．会員一人あたりの平均購入金額を 2018 年と 2021 年で比較すると、2021 年の方が高くなっている。

（2）<資料１>に関する記述について、下記の［　　］に入れるべき語句の組み合わせとして、適切なものを選択肢から選べ。

2018 年から 2019 年の売上高の推移を見ると、すべてのカテゴリーで売上高は増加し、合計では［ a ］増加している。また、2019 年から 2020 年の推移では、［ b ］の売上高がもっとも増加している。2020 年から 2021 年の推移においては、売上高の増加が３番目に大きかったのは［ c ］である。

【選択肢】

	a	b	c
ア.	2,500 万円	海産物	牛肉
イ.	3,000 万円	スイーツ	海産物
ウ.	3,000 万円	牛肉	フルーツ

（3）<資料２>から、商品の満足度の変化に関する記述の正誤の組み合わせとして、適切なものを選択肢から選べ。

a．2018 年と 2021 年を比べると男性と女性ともに、すべてのカテゴリーで満足度が高まっている。

b．2018 年と 2021 年ともに、男性の満足度が女性よりも高くなっているのは、スイーツである。

c．2018 年と 2021 年を比べると、牛肉とフルーツは男性と女性ともに、満足度が高まっている。

【選択肢】

	a	b	c
ア.	誤	正	誤
イ.	正	誤	誤
ウ.	誤	正	正

（4）＜資料１＞、＜資料２＞から読み取れる道の駅Wのカテゴリーごとの売上高と満足度に関する記述について、下線部の語句のうち適切なものを選択肢から選べ。

道の駅Wのカテゴリーごとの売上高と満足度の推移を見ると、海産物と牛肉は2018年の満足度が他のカテゴリーよりも高く、2021年においても「３：普通」を超える満足度を確保しつつ、売上高は年々増加傾向にある。また、フルーツは2018年から2021年にかけて、男性、女性ともに満足度がアップした。売上高の伸び率も、他のカテゴリーに比べてもっとも高くなっている。一方、飲料は満足度が低く、2018年から2021年の売上高は横ばいで推移している。

【選択肢】

ア．海産物と牛肉

イ．フルーツ

ウ．横ばい

（5）＜資料１＞、＜資料２＞から、カテゴリーごとの売上高増加の取り組みに関する記述の正誤の組み合わせとして、適切なものを選択肢から選べ。

ａ．海産物は、売上高も満足度も安定しているため、新商品の取り扱いなどはせずに、現在の商品やサービスを変えることなく継続していく。

ｂ．スイーツは、３年間で売上高と満足度が大きく伸びていることから、商品の増加や宣伝広告により、さらなる売上高の増加を目指す。

ｃ．飲料は、顧客アンケートなどにより、顧客のニーズにあった商品の取り扱いを増やすことで、満足度を高め売上高の増加を目指す。

【選択肢】

	a	b	c
ア.	誤	誤	正
イ.	正	誤	誤
ウ.	誤	正	正

文部科学省後援　令和５年度前期

ビジネス能力検定 ジョブパス ３級

<実施　令和５年７月２日(日)>

(説明時間　10：20 ～ 10：30)
(試験時間　10：30 ～ 11：30)

- **試験問題は試験監督者の指示があるまで開かないでください。**
- **解答用紙（マークシート）への必要事項の記入は、試験監督者の指示があるまで行わないでください。**

- 机の上には、受験票および筆記用具以外は置かないでください。電卓、辞書、参考書等の使用はできません。
- この試験問題は19ページあります。試験監督者の指示と同時にページ数を確認してください。乱丁等がある場合は、手をあげて試験監督者に合図してください。
- 試験監督者の指示と同時に、解答用紙（マークシート）に、受験者氏名・受験番号（下11桁）を記入し、受験番号下欄の数字をぬりつぶしてください。正しく記入されていない場合は、採点されませんので十分注意してください。
- 試験問題は、すべてマークシート方式です。正解と思われるものを１つ選び、解答欄の ()をHB の黒鉛筆でぬりつぶしてください。ボールペン等、鉛筆以外を使用した場合は採点されません。また、２つ以上ぬりつぶすと、不正解になります。
- 試験問題についての質問には、一切答えられません。
- 試験中の筆記用具の貸し借りは一切禁止します。
- 試験を開始してから30分以内および試験終了５分前以降の退場はできません。30分経過後退場する場合は、もう一度、受験者氏名・受験番号・マークが記入されているか確認し、試験監督者の指示に従って退場してください。**(再入場不可)**
  試験問題は持ち帰ってください。
- 合否の発表は令和５年８月下旬の予定です。合否の通知は団体経由で行い、合格者へは合格証を同封します。
- 合否結果についての電話・手紙等でのお問い合わせには、一切応じられません。

一般財団法人　職業教育・キャリア教育財団

問1 次の ＿＿＿ に入れるべき適切な語句を選択肢から選べ。

（1）航空券や宿泊料、スポーツ観戦チケットなどにおいて、需要や供給の状況に合わせて価格を変動させることにより、利益を最大化することを ＿＿＿ という。

【選択肢】

ア．シミュレーション　イ．ダイナミック・プライシング　ウ．パブリシティ

（2）すべての人が安全で安心して生活していくために、障害物や段差をなくしたり、手すりをつけたりして、暮らしやすい社会環境をつくり出すことを ＿＿＿ という。

【選択肢】

ア．メンタルヘルス　イ．ＬＧＢＴ　ウ．バリアフリー

（3）個人消費、企業の設備投資、政府支出、貿易収支などから構成され、国内で生み出されたモノやサービスの付加価値の合計を ＿＿＿ という。

【選択肢】

ア．ＧＤＰ　イ．ＷＴＯ　ウ．ＥＵ

（4）気象庁が発表する防災情報のうち最大級の警戒を呼びかけるもので、重大な災害が発生する恐れが著しく高まっている場合に発表されるものを ＿＿＿ という。

【選択肢】

ア．特別警報　イ．気象災害　ウ．注意報

（5）商品の仕入れや人件費の支払い、店舗や設備を維持していくための経費など、会社の運営に充てられる資金を ＿＿＿ という。

【選択肢】

ア．イノベーション　イ．イニシャルコスト　ウ．ランニングコスト

次の各問に答えよ。

（１）仕事の基本となる意識について、適切なものを選択肢から選べ。

【選択肢】

ア．時間意識とは、時間の無駄をなくすように意識することであり、スケジュールを仕事で埋めて余裕時間を省こうとすることである。

イ．顧客意識とは、お客さまが求めるものは何かを意識することであり、自社の都合や売りたい商品などを優先しないようにすることである。

ウ．コスト意識とは、すべての活動に費用がかかることを意識することであり、設備費や人件費などが生み出す価値の大小にかかわらずコストを削減することである。

（２）社会人の身だしなみに関する記述の正誤の組み合わせとして、適切なものを選択肢から選べ。

ａ．他者と接するとき、自分の身だしなみが会社全体の印象にもつながるため、清潔で不快感を与えないことを意識するとよい。

ｂ．会社で服装に関する決まりがない場合は、自分のことを知ってもらうために、働きやすさや機能性よりも個性的で目立つ身だしなみを優先するとよい。

ｃ．テレワーク中の服装が会社で定められていない場合でも、いつオンライン会議があってもあわてないような身だしなみを心がけるとよい。

【選択肢】

	a	b	c
ア．	正	誤	正
イ．	誤	正	正
ウ．	正	誤	誤

（３）指示の受け方に関する記述として、もっとも適切なものを選択肢から選べ。

【選択肢】

ア．上司から指示を受けるさい、自分の作業の区切りが悪かったためその作業を続けながら指示を受けた。

イ．いつ、何を、どのように、などの５Ｗ２Ｈを含めて要点をメモしながら指示を受けた後に疑問点を質問した。

ウ．複数の業務の指示を受けたため、以前に経験がある取り組みやすい業務から順番に進めることにした。

（4）敬語の使い方に関する記述の正誤の組み合わせとして、適切なものを選択肢から選べ。

a．上司に対して、「資料を拝見しましたか」と質問する。
b．職場の先輩に対して、「お客さまが応接室にいらっしゃいます」と伝える。
c．来社したお客さまに対して、「会議室へご案内いたします」と言う。

【選択肢】

	a	b	c
ア.	誤	誤	正
イ.	正	正	誤
ウ.	誤	正	正

（5）お客さまとの面談に関する記述として、適切なものを選択肢から選べ。

【選択肢】

ア．お客さまと初めて面談する場合、お互いの理解や親密度を高めるために世間話を長くして、時間があれば本題に入る。
イ．新任の上司とお客さまを訪問する場合、最初にお客さまを上司に紹介し、次に上司をお客さまに紹介する。
ウ．面談を終えたら、決定事項を上司や関係部署に報告し、返事を保留にしてきた案件があれば上司と相談してすみやかにお客さまに回答する。

問3 次の用語の説明として適切なものを選択肢から選べ。

（1）インバウンド消費

【選択肢】

ア．定額料金を支払うことで、動画配信サービスや自動車などを利用する権利を購入できるサービスのことで、月額単位で利用料が決まっているものが多い。

イ．ユネスコによって登録される世界的に重要な自然や文化遺産のことで、日本でも姫路城や屋久島などが登録されている。

ウ．訪日外国人観光客の日本国内での消費活動のことで、近年は増加傾向にあったが、新型コロナウイルスの影響を受け、2020年～2022年は大幅に減少した。

（2）電子決済

【選択肢】

ア．クレジットカードやデビットカード、スマートフォンに現金をチャージして使う電子マネーなど、現金の代わりに電子データでやり取りをする決済方法のこと。

イ．インターネット上に流通し、通貨に似た機能を持ち、両替することなくどの国や地域からもモノやサービスの購入に使用できる決済手段のこと。

ウ．ネット販売やＷｅｂセミナー、ロボットによる接客や無人店舗など、顧客と対面することなく商品やサービスを提供すること。

（3）エッセンシャルワーカー

【選択肢】

ア．近年増加しているパート、アルバイト、契約社員や派遣社員のことで、雇用制度の弊害や限界も指摘されている。

イ．顧客や取引先からの悪質なクレームや不当な要求のことで、従業員の離職防止のため、企業にも対策が求められている。

ウ．社会インフラの維持に従事する人々の総称で、医療や社会福祉、生活必需品の生産や配送、電気やガスの供給などにたずさわり、社会生活に不可欠な存在である。

（4）ジャストインタイム（ＪＩＴ）生産システム

【選択肢】

ア．自社に不足する技術の積極的活用やコストを削減するために、情報システムや総務、人事などの社内の業務の一部を外部に委託すること。

イ．日本の自動車メーカーが始めて全世界に広がった、必要なものを、必要なときに、必要な量だけ供給する生産管理手法のこと。

ウ．知的な作業をコンピュータが代行することで、音声認識や画像認識、自動運転などさまざまな分野に応用されているシステムのこと。

（5）地産地消

【選択肢】

ア．地域で生産されたものの消費をその地域で進めることで、消費者には親近感や安心感がある買い物ができ、生産者には少量の産品や規格外品も販売につなげられるなどのメリットがある。

イ．特定のニーズは存在するが規模が大きくない市場のことで、一般的に大手企業の参入が少ないため、中小企業に比較的チャンスがある。

ウ．市場において特定の商品やサービスが占める割合のことで、市場全体の供給量と対象とする商品やサービスの供給量から算出される。

問4 次の各問に答えよ。

（1）下図のような応接室で、お客さまと上司と自分の３名で打ち合わせを行う場合、お客さまにすすめる席と上司の席、自分の席として、適切なものを選択肢から選べ。

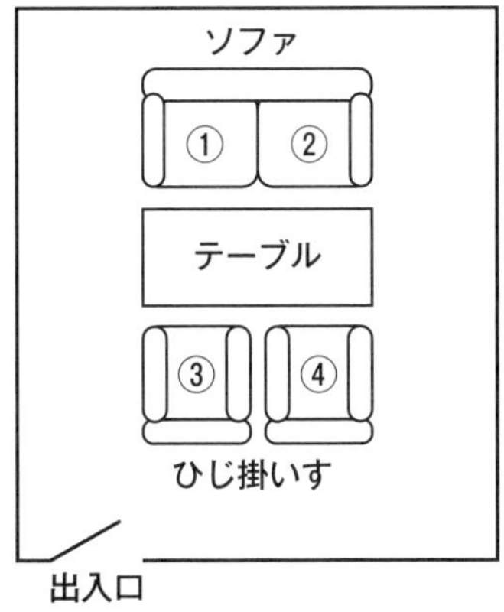

【選択肢】

ア．お客さま＝①、上司＝③、自分＝④

イ．お客さま＝②、上司＝④、自分＝③

ウ．お客さま＝②、上司＝①、自分＝③

（2）社外文書の種類と使い方に関する記述の正誤の組み合わせとして、適切なものを選択肢から選べ。

a．見積書は、製品やサービスの金額を提示するための文書で、金額のほかに納期や支払い条件、有効期限も記載するとよい。

b．案内状は、お客さまや関係者を展示会やセミナーへ招待するための文書で、来場時の驚きを大きくするために対象商品や講義内容は伏せるとよい。

c．通知状は、社内での決定事項を広く社外に周知する文書で、年末年始などの長期休暇や店内改装による休業などを周知する場合に利用するとよい。

【選択肢】

	a	b	c
ア.	正	誤	正
イ.	誤	誤	正
ウ.	正	正	誤

第３編 3

（3）営業担当が上司あてに作成した出張報告のメールの空欄ａ～ｃに入れるべき語句の組み合わせとして、適切なものを選択肢から選べ。

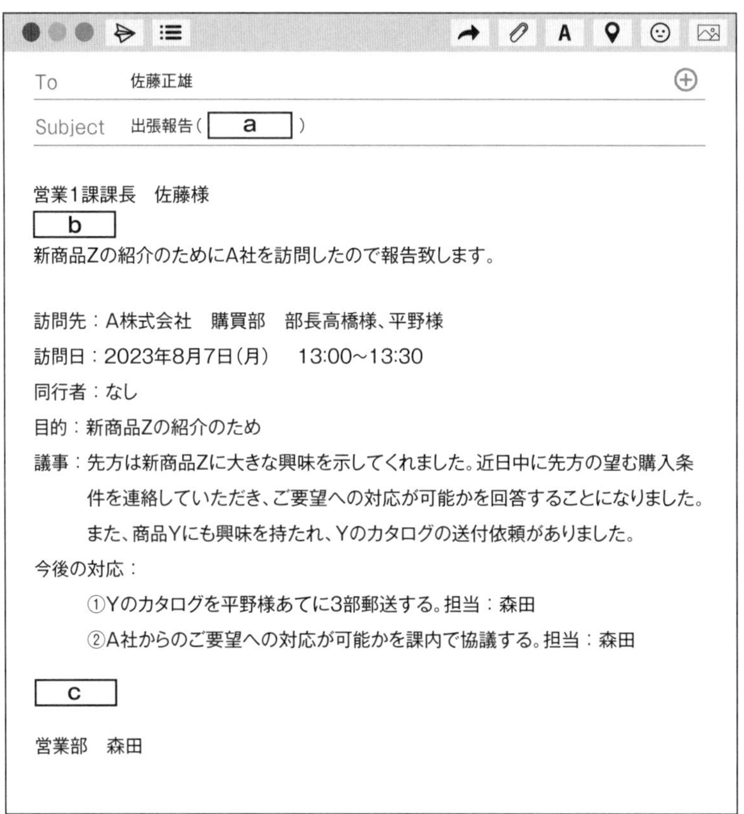
To　佐藤正雄

Subject　出張報告（ a ）

営業1課課長　佐藤様
 b
新商品Zの紹介のためにA社を訪問したので報告致します。

訪問先：A株式会社　購買部　部長高橋様、平野様
訪問日：2023年8月7日（月）　13:00〜13:30
同行者：なし
目的：新商品Zの紹介のため
議事：先方は新商品Zに大きな興味を示してくれました。近日中に先方の望む購入条件を連絡していただき、ご要望への対応が可能かを回答することになりました。また、商品Yにも興味を持たれ、Yのカタログの送付依頼がありました。
今後の対応：
①Yのカタログを平野様あてに3部郵送する。担当：森田
②A社からのご要望への対応が可能かを課内で協議する。担当：森田

 c

営業部　森田

【選択肢】

	a	b	c
ア.	営業部　森田	いつもお世話になっております。	今後ともよろしくお願い申し上げます。
イ.	8月7日の件	拝啓	敬具
ウ.	新商品Z紹介のためのA社訪問	お疲れさまです。	以上

（4）電話の取り次ぎに関する記述として、適切なものを選択肢から選べ。

【選択肢】

ア．お客さまと面談中の先輩あてに別のお客さまから電話がかかってきたため、「先輩、電話です」と取り次いだ。

イ．外出中の課長あてにお客さまから電話があり、帰社予定時間を聞かれたので、帰社予定時間の他に気をつかって外出先とその目的も伝えた。

ウ．名指しされた人が不在だったため、伝言メモを作成してその人の机に置き、戻ったさいに「Ａ社の佐藤さまから、お電話がありましたのでメモを置いておきました」と伝えた。

（5）インターネットでの情報収集に関する記述の正誤の組み合わせとして、適切なものを選択肢から選べ。

ａ．個人のＳＮＳやブログの情報は、個人が実際に行ったり、使ったりした感想などが記載されているため信頼性が高いといえる。

ｂ．インターネット上の情報にも著作権や肖像権があるため、文章や写真をそのまま使用するとこれらの権利を侵害するおそれがある。

ｃ．ホームページ上の情報は管理者により常に最新の情報が掲載されているため、情報の信頼性や新しさは気にする必要がない。

【選択肢】

	a	b	c
ア．	正	正	誤
イ．	誤	正	誤
ウ．	正	誤	正

問5 次の新聞記事を読んで各問に答えよ。

（日本経済新聞夕刊　2022.9.3）

リアル出社は愛犬と

富士通が専用オフィス

オフィスでペットと共に働くことを認める動きが広がってきた。富士通は今夏、JR川崎駅前の拠点に犬同伴で勤務できる部屋を設けた。愛犬をきっかけに社員間のコミュニケーションを生み出す狙いだ。新型コロナウイルス禍が長引き在宅勤務が企業に定着するなか、新たな出社スタイルの一つとして今後浸透する可能性がある。

富士通は2021年に拠点を新設したJR川崎駅前のJR川崎タワー（川崎市）内に専用スペースを設置した。事前予約制で利用者は1日3人まで。

ケージ付きの3つの個室と共用スペースを備える。設営には犬関連用品や犬も入店可能なカフェを手掛けるネットワーク（東京・台東）の協力を得た。同社から提供を受けたエサや食器、トイレシートを用意。床は犬が粗相をしてもふき取りやすい素材とした。オフィスビル内では犬の動線は制限し、犬と遭遇したくない人にも配慮した。

8月上旬に利用した女性社員は「犬が寂しくないようにと思って利用したが、かえって犬が仕事を進めるのに役立っている」と話す。

富士通は現在、在宅勤務を主体とする。犬同伴の出勤を認めたのは社内のコミュニケーション不足を解消するのが狙いだ。専用スペースは犬連れの社員と同じ部署の人が自由に出入りできる。チームのメンバーが同じ日に出社し、犬とともに顔を合わせる、といった利用法を想定する。

新たなオフィスのあり方を模索するなか、まずは移動が容易な小型犬から始めた。今後効果が実証されれば川崎市内の自社ビルでも順次拡大する計画で、その際は大型犬や猫など他の動物も検討する。

コロナ禍で働き方は大きく変わった。日本生産性本部の7月調査では、働く人のテレワーク実施率は16・2%。従業員が1000人より多い企業に勤める人では27・9%。コロナ禍前からはある程度定着したものの、1年前からは6・8ポイント低下した。

今春の行動制限要請の解除後に出社を求める企業が増えた影響とみられるが、出社でどのような付加価値を生み出せるか、出社の意義が問われている。

コロナ禍で在宅時間が増えたこともあり、ペットとの時間を重視する人は増えている。経済産業省によると、ペット・ペット用品販売額は20年のコロナ禍以降、上昇傾向だ。ペット同伴出勤はこうした人たちを考慮した対応でもある。

ペットとの勤務を認めている例はほかにもある。ペットフードを販売するネスレ日本は14年から犬同伴で出勤できる制度を設けている。神戸市内の本社に扉を二重にして逃走を防止したペットルームを設け、トイレシートなどを会社負担で用意する。

コロナ下、交流きっかけに

社員であれば事前に同意書に署名をした上で誰でも利用可能で、1日に6人まで使える。「ペットの体調が悪い際に仕事中も見守れるようにする、ペットを飼っていない社員にもペットとふれあう機会を設けることを目的にしている」（ネスレ日本）

マッチングアプリ「ペアーズ」を運営するエウレカ（東京・港）は、昼間に世話をする人がいないなどの事情がある場合、事前申請の上で犬などのペット同伴での出勤を許可している。「ペットも大事な家族なので、同伴出勤やペットを病院に連れて行く際の休暇取得を可能としている」（同社）。現在はリモートワークする従業員が大半だが、ペットを連れた同僚が出勤している日に合わせて出社する社員もいるという。

ペットをオフィスに受け入れるには設備面などの対応が欠かせず、導入のハードルは低くない。だが、出社が再定義されている今、従業員の働き方を改善する一環として企業が取り入れる動きは今後も広がりそうだ。

ペットに費用をかける人が増えている

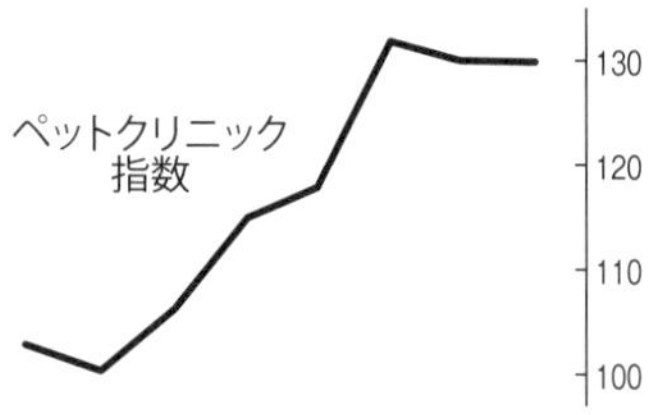

ペットクリニック指数
130
120
110
100

ペット・ペット用品（販売額）

億円
3000
2000
1000
0
2014年　16　17　18　19　20　21

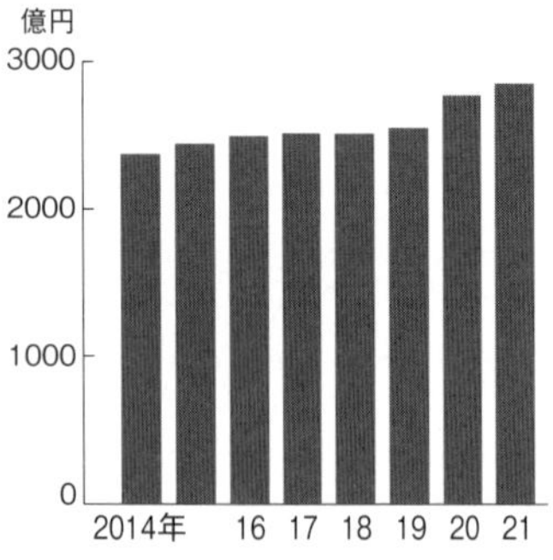

（注）ペット・クリニック指数は原指数、サービスの生産活動を示す。2015年=100

（出所）経済産業省

（※）記事のレイアウト、フォント、フォントサイズは変更されています。
（※）記事中の写真は削除しています。

（1）新型コロナウイルス禍における働き方に関する記述について、適切なものを選択肢から選べ。

【選択肢】

ア．2022 年 7 月の調査では、働く人全体のテレワーク実施率は 27.9% である。

イ．従業員1,000人超の企業のテレワーク実施率は、１年前からは低下したものの働く人全体と比較すると11.7 ポイント高い。

ウ．コロナ禍の行動制限が解除された後、従業員は出社に意義を感じている。

（2）富士通がペット同伴出勤を認める動きとなった理由に関する記述の正誤の組み合わせとして、適切なものを選択肢から選べ。

a．働く人がコロナ禍により在宅勤務が増えて、ペットと過ごす時間を重視するようになった。

b．ペットにかけている費用が増え続けているため、会社がエサや食器なども用意したスペースを設置し、ペットを飼っている社員の負担を減らすことを意図した。

c．犬関連用品や犬も入店可能なカフェを手がける企業から、ペット同伴勤務の提案があった。

d．ペットを飼っていない社員がペットを飼うことによりペット用品販売額が増えるため、ペットを飼っている社員に販売促進の協力をしてもらった。

【選択肢】

	a	b	c	d
ア.	正	正	正	誤
イ.	正	誤	誤	誤
ウ.	誤	正	誤	正

（3）ペットにかける費用に関する記述の正誤の組み合わせとして、適切なものを選択肢から選べ。

a．2021 年のペット・クリニック指数は、2015 年の約 30%増である。

b．ペット・ペット用品の販売額は、2020 年からのコロナ禍以降増加し、3000 億円を超えた。

c．ペット･クリニック指数は、2020 年からのコロナ禍以降も上昇し続けている。

【選択肢】

	a	b	c
ア.	正	誤	誤
イ.	正	誤	正
ウ.	誤	正	誤

（4）ペット同伴勤務の企業の取り組みに関する記述について、下記の空欄 a～c に入れるべき語句の組み合わせとして、適切なものを選択肢から選べ。

［ a ］は犬同伴で勤務できるように、社内の扉を二重にして逃走を防止したペットルームを設けた。［ b ］は事情がある場合、事前申請の上でペット同伴の出勤を認めて、さらにペットを病院に連れて行くさいの［ c ］を可能にしている。

【選択肢】

	a	b	c
ア.	ネスレ日本	エウレカ	リモートワーク
イ.	エウレカ	ネスレ日本	休暇取得
ウ.	ネスレ日本	エウレカ	休暇取得

（5）ペット同伴勤務の今後の課題に関する記述について、もっとも適切なものを選択肢から選べ。

【選択肢】

ア. ペットをオフィスに受け入れるにはペット専用スペースの設置など設備導入のハードルが高いので、導入費用を抑えるために犬が嫌いな社員と出勤日をずらすなどの工夫が必要である。

イ. コロナ禍の行動制限が解除された後、社内コミュニケーションの改善やペットとふれあう機会を設けるなど、企業は出社による付加価値を提供する必要がある。

ウ. ペットも大事な家族であるという意識が高まり、すべての社員がペット同伴を受け入れるように教育を行い、オフィス内の犬の動線の制限を減らす必要がある。

問6 次のケースを読んで各問に答えよ。

斉藤有紗は、Ｔ県内に本社と３つの営業所を持ち、地域に密着した営業活動を通じて地元の団体や個人向けにツアー旅行などの販売を行う「グッドトラベル」に入社して８ヵ月の社員である。現在はＳ営業所に勤務し、所長の後藤雄太の下で、先輩社員の川村啓介の指導を受けながら、主に来店された個人のお客さまに対して、宿泊施設や交通機関の予約などの対応、また最近はツアーの企画なども一緒に行うようになった。

12 月４日の月曜日に、斉藤は営業所の定例ミーティングに参加した。

後藤「斉藤さんも窓口対応に慣れてきましたね。これからは川村さんが企業や学校など、団体のお客さま向けの営業を行うさいにもできる限り同行して、提案する力を磨いてください。」

川村「斉藤さん、私が担当する団体のお客さまとの打ち合わせと斉藤さんの窓口対応当番と重なったときは、他の人に当番を交代してもらえないか、調整してみてください。」

斉藤「分かりました。」

後藤「それと先日打ち合わせを行ったバスツアーの企画書はまとめてくれましたか。今日の夕方までには内容を確認したいので、14 時までに提出するようお願いしていましたね。よろしくお願いします。」

斉藤は日々の窓口対応に追われ、企画書をまとめていなかった。

10 時に斉藤が川村とともに窓口対応を始めると、斉藤が担当しているお客さまの佐野さまから問い合わせの電話が入った。

佐野さま「朝刊の折り込みチラシにある『宮崎の名所巡り１泊２日の旅』に申し込みをしたいのですが。」

斉藤「ありがとうございます。それでは予約状況を確認しますので少々お待ちください。」

斉藤が予約管理システムで申し込み状況を確認すると、そのツアーはすでに予約でいっぱいで、申し込みは締め切られていた。

斉藤「佐野さま、お待たせいたしました。あいにくこのツアーはすべて予約で埋まってしまっています。［　ｘ　］」

（1）斉藤が佐野さまに回答すべき［ x ］に入る発言として、もっとも適切なものを選択肢から選べ。

【選択肢】

ア．このツアーのどのようなところにご興味をお持ちになりましたか。ご希望に合うツアーが他にないか、お調べいたします。

イ．もう一度チラシをご覧になって、他にもご希望のツアーがないかご検討の上、あらためてお電話いただけますか。

ウ．同額のツアー料金であれば、同じ九州の福岡に１泊するツアーもあります。こちらを申し込まれるのがよいと思います。

すると、佐野さまはお店で直接斉藤と相談をしたいので13 時頃に伺いたいとのことで電話が切られた。斉藤は今日の13 時は企画書の作成を予定していたため、どのように予定を調整しようか悩んでしまった。

（2）この状況で斉藤はどのように対応したらよいか、もっとも適切なものを選択肢から選べ。

【選択肢】

ア．佐野さまに、今日の13時は企画書を作成する必要があり対応できないことを説明し、14時以降の来店をお願いする。

イ．本日休暇中の同僚に連絡を入れ、事情を説明して13時から出勤が可能か相談し、可能であれば所長の後藤に報告して了解を得る。

ウ．13時から佐野さまが来店すること、企画書の作成が進んでいないことを後藤に報告して指示を仰ぐ。

佐野さまへの対応を終えた後、斉藤は後藤から指示を受けていた冬のバスツアーの企画書の作成に取りかかった。企画を練るにあたって、S営業所のお客さまに事前アンケートを実施しており、その結果として、地元の名所をバスで巡りながら、贅沢な冬の味覚をランチで手軽に味わいたいという声が多いということが分かっていた。

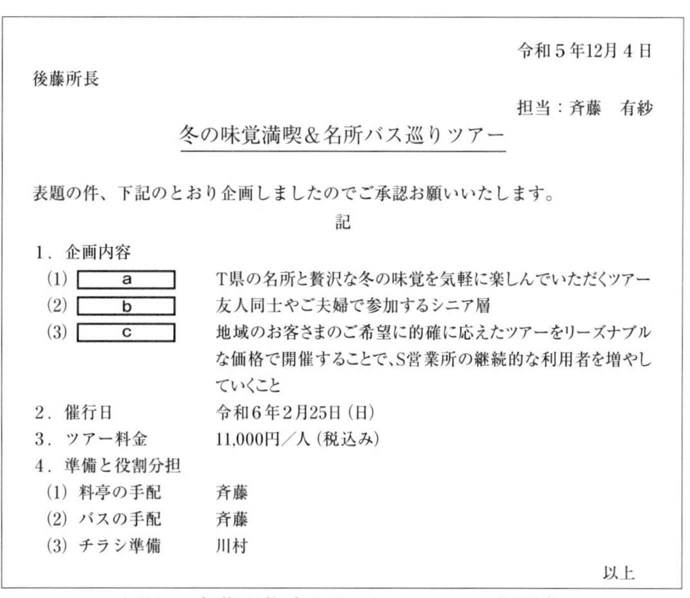
令和５年12月４日

後藤所長

担当：斉藤　有紗

冬の味覚満喫＆名所バス巡りツアー

表題の件、下記のとおり企画しましたのでご承認お願いいたします。

記

1．企画内容
(1) [a]　T県の名所と贅沢な冬の味覚を気軽に楽しんでいただくツアー
(2) [b]　友人同士やご夫婦で参加するシニア層
(3) [c]　地域のお客さまのご希望に的確に応えたツアーをリーズナブルな価格で開催することで、S営業所の継続的な利用者を増やしていくこと
2．催行日　令和６年２月25日（日）
3．ツアー料金　11,000円／人（税込み）
4．準備と役割分担
(1) 料亭の手配　斉藤
(2) バスの手配　斉藤
(3) チラシ準備　川村

以上

図１　斉藤が作成したバスツアーの企画書

（３）「斉藤が作成したバスツアーの企画書」の空欄ａ～ｃに入れるべき語句の組み合わせとして、適切なものを選択肢から選べ。

【選択肢】

	a	b	c
ア.	ねらい	ターゲット	テーマ
イ.	テーマ	ターゲット	ねらい
ウ.	ターゲット	テーマ	ねらい

企画書の作成が一段落すると、川村が担当している赤井産業の総務部の飯野さまから電話が入った。川村は別のお客さまとの商談のため、外出中であった。

飯野さま「来年３月に社内旅行を開催しようと思っています。詳しくご相談したいのですが、川村さんはいらっしゃいますか。」

斉藤「あいにく川村は外出しております。16時半頃に戻る予定ですので、よろしければ折り返しお電話を差し上げますが。」

飯野さま「私もこれから外出してしまうので折り返しのお電話は結構です。ただ、早めに打ち合わせをしたいので、明日15時以降か、明後日の10時から11時、または、同じ日の13時から15時の間でそちらに伺って相談したいのですが、川村さんのご予定はわかりますか。」

斉藤がパソコンで川村と自分のスケジュールを確認したところ、次のような予定となっていた。

＞＞川村啓介

	12月4日 月曜日	12月5日 火曜日	12月6日 水曜日
9:00	定例ミーティング		
10:00	窓口対応当番	窓口対応当番	営業会議
11:00			
12:00			
13:00	後藤店長と打ち合わせ	来客	広告代理店との打ち合わせ
14:00	外出（顧客営業）16時半帰社	営業会議資料作成	
15:00		外出（顧客営業）直帰	
16:00			来客
17:00			

＞＞斉藤有紗

	12月4日 月曜日	12月5日 火曜日	12月6日 水曜日
9:00	定例ミーティング		
10:00	窓口対応当番	窓口対応当番	
11:00			
12:00			
13:00	企画書作成	来客	窓口対応当番
14:00			
15:00	窓口対応当番	外出（顧客営業）川村さんに同行	
16:00			来客
17:00			

図２　川村と斉藤のスケジュール

（4）飯野さまへの斉藤の対応として、もっとも適切なものを選択肢から選べ。

【選択肢】

ア．飯野さまが指定した時間帯に川村と自分の両方が空いている時間がないので、この場ではお答えできません、と丁寧に回答して電話を切る。

イ．６日の 14 時であれば川村が対応できるので、川村に確認後に回答する旨を伝え、自分がその時間の窓口対応当番を誰かに代わってもらうため、電話対応が終わってから調整する。

ウ．社内の会議よりお客さま対応が優先なので、川村は６日の 10 時から 11 時であれば対応可能であるとその場で回答し、川村が帰社したらその旨をすみやかに報告する。

飯野さまへの対応を終えた斉藤は、業務日報を書きながら、今日一日の自分の仕事の進め方に課題はないかを振り返った。

（5）斉藤の一日の行動を振り返り、今後改善すべき点について、もっとも適切なものを選択肢から選べ。

【選択肢】

ア．企画書の作成を依頼されたときは、締め切りに間に合うよう余裕をもった計画を立てて業務を進め、進捗に遅れが出そうな場合は早めに後藤や川村に相談する。

イ．自分の成長にはお客さまと話す経験が欠かせないので、川村あての電話に対しても、自分が代わりに担当すると伝えてすぐに商談を始める。

ウ．お客さま対応をするときは常にお客さまの都合を最優先するため、締め切りのある内部の仕事を依頼されたときは、期限が迫ってから迅速に対応することを心がける。

問7 C社はアプリ会員を増やすことで売上拡大を図っているインテリア雑貨店で、毎年アプリ会員にアンケート調査を行っている。<資料１>は「アプリ会員の年代別売上高と会員数の推移」、<資料２>は「『購入時にもっとも気にしていること』のアプリ会員アンケート結果（2022 年実施）」である。これらの資料を見て各問に答えよ。

<資料1>　アプリ会員の年代別売上高と会員数の推移

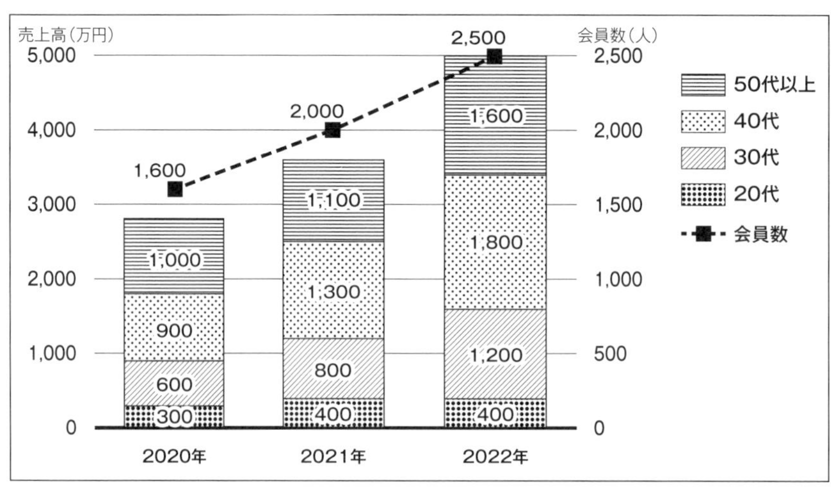

<資料2>　「購入時にもっとも気にしていること」のアプリ会員アンケート結果
※ 2022 年に実施し、アンケートは全会員が回答した。

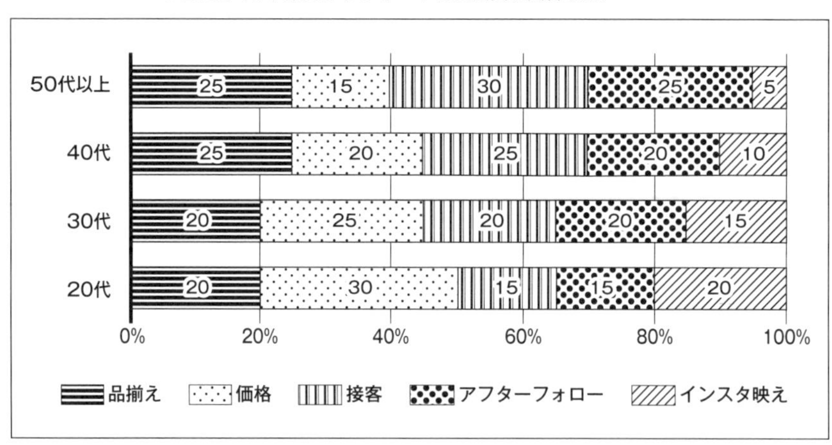

年代別の会員数（2022 年）　　単位：人

	20代	30代	40代	50代以上
会員数	300	600	900	700

（1）<資料１>から、年代別の売上高と会員数の傾向に関する記述の正誤の組み合わせとして、適切なものを選択肢から選べ。

a．2022 年の売上高は、20 代が全体の１割以上を占めている。
b．2020 年と 2022 年を比較すると、30 代と 40 代の売上高の伸び率は同じである。
c．2021 年から 2022 年の会員の増加人数は、その前年と比較して減少している。

【選択肢】

	a	b	c
ア.	誤	正	誤
イ.	正	誤	誤
ウ.	誤	正	正

（2）<資料１>に関する記述について、下記の［　　］に入れるべき語句の組み合わせとして、適切なものを選択肢から選べ。

2021 年の会員の売上高は 2020 年と比べ、すべての年代の合計で［ a ］増加している。また、2022 年の会員一人あたりの購入金額は［ b ］であり、2020 年と比べると［ c ］している。

【選択肢】

	a	b	c
ア.	1,000万円	20,000円	増加
イ.	800万円	20,000円	増加
ウ.	800万円	18,000円	減少

（3）<資料２>から読み取れる、「購入時にもっとも気にしていること」に関する記述について、適切なものを選択肢から選べ。

【選択肢】

ア．30 代がもっとも気にしていることは「価格」で、「インスタ映え」を気にしている会員の２倍である。
イ．年代が低くなるに従って、「インスタ映え」を気にする傾向にあり、20 代で「インスタ映え」を気にしていると回答した会員は 60 人である。
ウ．50 代以上で「品揃え」を気にしていると回答した割合と、40 代で「アフターフォロー」を気にしていると回答した割合は同じである。

（4）＜資料１＞、＜資料２＞から読み取れる年代別の売上高・会員数と購入時にもっとも気にしていることに関する記述について、下線部の語句のうち適切なものを選択肢から選べ。

2022年の会員一人あたりの購入金額を年代別にみると、40代と50代以上では40代の方が多い。また、2022年の年代別の売上高の順位と「接客」を気にしている年代別の割合の順位は同じであり、20代と30代を合わせた会員数の割合は、全体の会員数の３割以上を占めている。

【選択肢】

ア．40代の方が多い

イ．同じ

ウ．３割以上

（5）＜資料１＞、＜資料２＞から、会員数や売上高の増加に効果的と考えられる年代別の販売促進策に関する記述の正誤の組み合わせとして、適切なものを選択肢から選べ。

a．2022年の年代別の売上高がもっとも多い40代には、品揃えをＰＲして来店を促し、丁寧な接客をすることで売上高の増加を図る。

b．2022年の会員一人あたりの購入金額がもっとも多い30代には、友人を紹介した会員にアプリで割引クーポンを配布することで売上高の増加を図る。

c．過去３年間の年代別の売上高がもっとも少なかった20代には、若者に人気でインスタ映えする商品のバーゲンセールを企画して、来店を促すことで会員数の増加を図る。

【選択肢】

	a	b	c
ア．	正	正	誤
イ．	誤	誤	正
ウ．	正	誤	正

文部科学省後援　令和５年度後期

ビジネス能力検定 ジョブパス３級

<実施　令和５年12月３日(日)>

（説明時間　10：20 ～ 10：30）
（試験時間　10：30 ～ 11：30）

・試験問題は試験監督者の指示があるまで開かないでください。
・解答用紙（マークシート）への必要事項の記入は、試験監督者の指示があるまで行わないでください。

・机の上には、受験票および筆記用具以外は置かないでください。電卓、辞書、参考書等の使用はできません。
・この試験問題は19ページあります。試験監督者の指示と同時にページ数を確認してください。乱丁等がある場合は、手をあげて試験監督者に合図してください。
・試験監督者の指示と同時に、解答用紙（マークシート）に、受験者氏名・受験番号（下11桁）を記入し、受験番号下欄の数字をぬりつぶしてください。正しく記入されていない場合は、採点されませんので十分注意してください。
・試験問題は、すべてマークシート方式です。正解と思われるものを１つ選び、解答欄の()をHBの黒鉛筆でぬりつぶしてください。ボールペン等、鉛筆以外を使用した場合は採点されません。また、２つ以上ぬりつぶすと、不正解になります。
・試験問題についての質問には、一切答えられません。
・試験中の筆記用具の貸し借りは一切禁止します。
・試験を開始してから30分以内および試験終了５分前以降の退場はできません。30分経過後退場する場合は、もう一度、受験者氏名・受験番号・マークが記入されているか確認し、試験監督者の指示に従って退場してください。**(再入場不可)**
試験問題は持ち帰ってください。
・合否の発表は令和６年１月下旬の予定です。合否の通知は団体経由で行い、合格者へは合格証を同封します。
・合否結果についての電話・手紙等でのお問い合わせには、一切応じられません。

一般財団法人　職業教育・キャリア教育財団

問1 次の［　　　］に入れるべき適切な語句を選択肢から選べ。

（1）事業を新しく始めるときに必要な店舗や事務所の開設、新製品を生産するための機械設備の導入など、初期段階にかかる費用のことを［　　　］という。

【選択肢】

ア．ランニングコスト　イ．イニシャルコスト　ウ．アウトソーシング

（2）飲食店などでの食べ残しや家庭における食材の無駄遣いなど、まだ食べられるものが廃棄されてしまうことを［　　　］という。

【選択肢】

ア．食品ロス　イ．リサイクル　ウ．地産地消

（3）心の健康状態そのものや、精神的、心理的な健康の維持・増進、精神的に不調を来してしまった人への周囲のサポート、治療のことを［　　　］という。

【選択肢】

ア．メンタルヘルス　イ．カスタマーハラスメント　ウ．ノーマライゼーション

（4）インターネットを使用した生配信で商品を紹介し、販売側と購入側が双方向でコミュニケーションを取りながら販売する手法を［　　　］という。

【選択肢】

ア．サブスクリプション　イ．ライブコマース　ウ．インターネットテレビ

（5）製品の試用や試食、値引きや景品のプレゼントといったキャンペーンなどで、消費者の購買意欲や流通業者の販売意欲を引き出す取り組みのことを［　　　］という。

【選択肢】

ア．プライベートブランド　イ．セールスプロモーション　ウ．マーケットシェア

問2 次の各問に答えよ。

（1）仕事の基本姿勢に関する記述として、適切なものを選択肢から選べ。

【選択肢】

ア．顧客意識とは、お客さまが求めるものは何かを考えることであり、お客さまの役に立つ商品やサービスを提供する意識を持つことが大切である。

イ．納期意識とは、期日を守ることであり、納期から逆算してスケジュールを立てたうえで、納期遅れになる直前までは自分一人で精一杯努力することが大切である。

ウ．目標意識とは、ゴールを設定して仕事に取り組むことであり、一人ひとりが自分の目標を設定し、それらを合わせて組織全体の目標にすることが大切である。

（2）コミュニケーションに関する記述の正誤の組み合わせとして、適切なものを選択肢から選べ。

a．仕事でミスをした場合は、上司に隠さず報告をし、注意や叱責を受けたときは無理に正当化したり弁解したりせず、素直に耳を傾ける。

b．職場で自分の意見が正しいと思った場合は、相手の意見を聞く必要はなく、自分の主張を繰り返し伝える。

c．職場では、周囲の人に自分からあいさつし、上司からの仕事の指示でよく分からない点は質問するなど、積極的にコミュニケーションを取るようにする。

【選択肢】

	a	b	c
ア.	正	誤	誤
イ.	誤	正	正
ウ.	正	誤	正

（3）上司への報告に関する記述として、もっとも適切なものを選択肢から選べ。

【選択肢】

ア．複数の事項について報告するときは、重要度が低いものから伝え、報告に時間がかかる重要度の高いものは最後に伝えるようにする。

イ．上司から依頼されていた仕事が終わったが、上司が外出で不在だったので、電子メールで報告した。

ウ．長期間にわたる仕事の依頼を受けたときは、途中経過の報告は仕事の効率を悪くするのでできるだけ控え、仕事が終わったときにまとめて報告するようにする。

（4）ビジネスの場にふさわしい話し方に関する記述として、もっとも適切なものを選択肢から選べ。

【選択肢】

ア．仕事中は、上司とのコミュニケーションをよくするため、学生ことばを使って、少しくだけた話し方をする。

イ．お客さまから電話があり、自分の上司であるＡ部長の在席を聞かれたので、「Ａ部長は、ただ今席を外しております」と言った。

ウ．お客さまに商品をお薦めしているときに、悪いこととよいことを一緒に話す場合は、よいことをあとにして話したほうが、話し手の印象がよくなる。

（5）パソコンを使った仕事の仕方に関する記述の正誤の組み合わせとして、適切なものを選択肢から選べ。

ａ．社内のシステムにアクセスするためのＩＤとパスワードは頻繁に使うので、忘れないようにメモをパソコンに貼っておくことにした。

ｂ．テレワークで業務を行うときに、効率的な情報共有を行うため、グループウエアなどの情報管理ツールを導入した。

ｃ．知らない相手からの電子メールであったが、ビジネスに繋がる可能性があると考え、すぐに添付ファイルを開いてから、送信元や本文を確認した。

【選択肢】

	a	b	c
ア．	誤	正	正
イ．	誤	正	誤
ウ．	正	誤	誤

問3 次の用語の説明として適切なものを選択肢から選べ。

（1）デフレーション

【選択肢】

ア．物価が継続的に下落することで、バブル崩壊以降、日本は、物価下落が企業業績の悪化や景気の低迷を招き、それがさらなる物価下落につながる状況に苦しんだ。

イ．物価が持続的に上昇することで、同じ金額でこれまで買えたものが買えなくなることから、物価上昇ほど収入が増えない人は経済的に厳しくなる。

ウ．円の価値が海外の通貨に対して高くなる現象のことで、海外から製品を輸入する企業は安く仕入れることが可能になり、また日本から海外へ旅行する場合もその恩恵を受けやすい。

（2）マイクロプラスチック

【選択肢】

ア．「燃える氷」と呼ばれる天然ガスの成分であるメタンと水が結晶化した氷状の物質のことで、日本周辺の近海での調査や採掘方法の検討が始まっている。

イ．海を漂流するレジ袋やペットボトルなどのゴミが微細な粒状になったもののことで、海洋生物のみならず、人体にも悪影響をもたらすことが懸念されている。

ウ．天然資源を有効に活用し、環境負荷を抑えた循環型社会を形成するための活動のことで、廃棄物を減らす、繰り返し使う、再利用することなどを指す。

（3）ＷＴＯ

【選択肢】

ア．国内総生産ともいい、国の経済の規模を表す指標のことで、国内の居住者が生産した財・サービスの付加価値の合計のこと。

イ．資本や情報、人などの移動が国境を越えて活発となり、世界的な結びつきが強くなることで、企業も海外と共通の基準や考え方で活動することが必要になる。

ウ．貿易の自由化を促すためにさまざまな国際ルールを定めたり、加盟国間の交渉の場を提供したりする国際機関のことで、2022年６月現在、164ヵ国が加盟している。

（4）サミット

【選択肢】

ア．欧州における外交・安全保障政策の共通化と通貨統合の実現を目的とする統合体のことで、2020 年 1 月 31 日に英国が脱退し、加盟国は 27 ヵ国となっている。

イ．主要国の首脳が、自由貿易や環境問題など世界経済におけるさまざまな課題を討議するための国際会議のことで、2023 年 5 月には日本の広島で開催された。

ウ．教育の普及や科学の振興、文化遺産の保護などを進める国際連合の専門機関のことで、後世に伝える価値がある遺跡などを世界遺産として指定し保護するなどの活動を行っている。

（5）フランチャイズチェーン

【選択肢】

ア．本部が加盟店に統一の商号や商標を使用させたり、経営指導などを行う代わりにロイヤリティを得たりするビジネスで、コンビニエンスストアや外食企業によく見られる。

イ．市場の需要と供給に合わせて価格を変動させることで、最近では、ＡＩなどにより、日ごと、時間帯ごとの価格の最適化が可能となっている。

ウ．使っていない部屋・車などを必要とする人に有料で貸し出すビジネスで、インターネットやスマートフォンの普及により、ビジネスとして成立するようになった。

問4 次の各問に答えよ。

（1）上司と自分がお客さま２人を案内するさいに、図のようなエレベーター内での席次について、適切なものを選択肢から選べ。

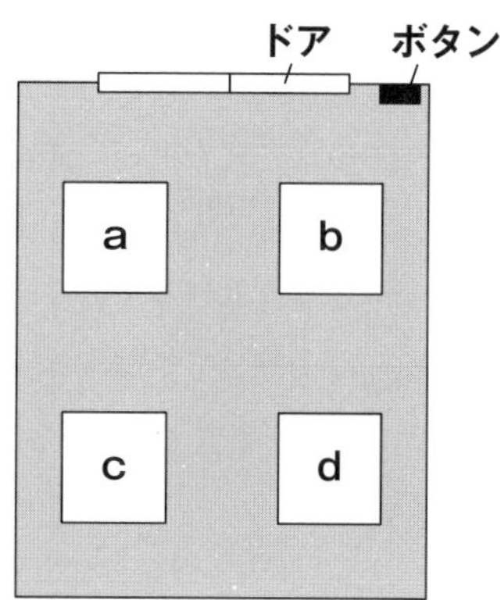

【選択肢】

ア．お客さまがｃとｄ、上司がａ、自分がｂ
イ．お客さまがｃとｄ、上司がｂ、自分がａ
ウ．お客さまがａとｃ、上司がｄ、自分がｂ

（2）名刺交換と紹介の仕方に関する記述の正誤の組み合わせとして、適切なものを選択肢から選べ。

ａ．名刺交換をしたときに名前を聞き取れず、また名刺に記載された名前の読み方も分からなかったが、確認をするのは失礼にあたるため、読み方をたずねなかった。
ｂ．名刺の手持ちがなくなっていたので、「今日は名刺を切らしておりまして申しわけございません」と謝ったうえで、自分の肩書と氏名を名のった。
ｃ．自分の上司と先輩をお客さまに紹介するとき、初めに上司と先輩をお客さまに紹介してから、お客さまを上司と先輩に紹介した。

【選択肢】

	a	b	c
ア.	誤	正	誤
イ.	誤	正	正
ウ.	正	誤	誤

（3）お客さまを訪問するさいの記述として、もっとも適切なものを選択肢から選べ。

【選択肢】

ア．新規のお客さまへのアポイントをとるとき、訪問日時・場所を調整したあとに、訪問目的を伝え、自己紹介を行った。

イ．はじめての訪問先の場合、会社概要、経営方針、決算内容の情報を事前に自分で調べ、分からないところは先輩や上司に確認をした。

ウ．急ぎの用件でお客さまを訪問するように上司から指示を受けたが、時間が惜しかったため、お客さまに事前の連絡を入れずに、すぐに訪問した。

（4）電子メール送信時の注意点に関する記述の正誤の組み合わせとして、適切なものを選択肢から選べ。

ａ．社外の人に添付ファイルを送るときに、添付ファイルを暗号化してパスワードをかけて送信し、パスワードは電話で伝えた。

ｂ．複数の人に同じ電子メールを送るさい、内容を共有したい人にＣＣ（カーボンコピー）を指定して送信した場合、全員のアドレスが受信先に表示される。

ｃ．お客さまへ重要で緊急な用件を電子メールで送信したが、相手先は必ず電子メールを読んでくれていると考え、電話や対面などでの確認は行わなかった。

【選択肢】

	a	b	c
ア.	正	誤	正
イ.	誤	正	誤
ウ.	正	正	誤

（5）社外文書の基本事項に関する記述の正誤の組み合わせとして、適切なものを選択肢から選べ。

a．頭語と結語の組み合わせとして、「拝啓」には「敬具」、「前略」には「草々」を用いて、文章を作成した。

b．敬称は相手によって異なり、会社･団体あての敬称として「各位」を使った。

c．前文・末文のあいさつとして、前文では愛顧を願うことばを述べ、末文では平素の感謝を表すことばでまとめた。

【選択肢】

	a	b	c
ア.	正	誤	正
イ.	誤	正	誤
ウ.	正	誤	誤

問5　次の新聞記事を読んで各問に答えよ。

（日本経済新聞　2023.2.18）

日本は中古品の黄金郷

レコード・カメラ・ゲーム…

アナログ製品の魅力を再評価する「レトロブーム」が世界で広がるなか、インバウンド（訪日外国人）消費でも1980～90年代に人気を博したレコードやカメラ、ゲームの中古品の人気が高まっている。状態のよいレア物など宝の山が眠る日本はまさに現代の「黄金の国・ジパング」だ。

平日の午後、タワーレコード渋谷店（東京・渋谷）の6階・レコードフロアは多くの外国人旅行者でにぎわっていた。オーストラリアから家族旅行で来日したリードさんは「日本では安価でレコード盤が手に入る」と声を弾ませる。ジャケットの保存状態の良さにも驚いていた。

音楽の楽しみ方がCDから配信サービスへと変わる一方、「所有する」ことの価値やアナログ独特の音質が見直され、レコードブームが世界で再燃している。

2022年10月に入国規制が緩和されて以降、同店では訪日客が急増した。レコードフロアを統括する田之上剛さんによると、レコードの売り上げも訪日客の比率が高まり、12月は約3割、今年1月は約4割を占めた。

円安もあいまって、豊富な品ぞろえと値ごろ感が訪日客の購買意欲をかきたてる。バブル景気に沸き、その名残があった1980～90年代は海外の大物アーティストの来日公演が相次いだ。日本限定版のほか、米国や英国からの輸入盤も含め多くの洋楽レコードが流通・販売された。その結果、国内に幅広いジャンル・年代のレコード盤が数多く残っているのだという。

「レトロ発掘旅」訪日客呼ぶ

70～80年代に日本で生まれ流行した楽曲「シティポップ」もSNS（交流サイト）で拡散し、海外で人気が高まっている。山下達郎さんなど日本人アーティストのレコードを購入する訪日客も増えているといい、「プレミアのついた20万～30万円のレコードを買う人もいる」（田之上さん）。

「7割が外国人」

フィルムカメラも訪日客を魅了するレトロなお宝だ。SNSのインフルエンサーや世界的なセレブタレントらの投稿をきっかけに、フィルムならではの風合いを新鮮に感じた若い世代で人気が広がった。日本での買い物を目的に来日する人も増えている。

中古カメラBOX（東京・新宿）では外国人の若者が中古カメラを物色する姿が目立つ。カメラマンとして働くピントンさんは、日本製のフィルムカメラを探しにタイから訪れた。「タイよりも品ぞろえが豊富で、一目で丁寧に扱われてきたことが分かる」と目を輝かせる。

クラシックカメラモリッツ（東京・渋谷）は今や「来店客の7割が外国人だ」（店長の森満隆文さん）。売れ筋は80～90年代のフィルムカメラだ。当時は日本メーカーが世界を席巻していた。国内での普及率の高さもあって「日本は世界でも有数の中古カメラの在庫を抱えている」（森満さん）という。人気の中古機種は、新型コロナウイルス禍前には数万円だった価格が現在、10万～20万円に高騰しているという。

在庫が豊富な「レトロゲーム」も往年のファンには垂ぜんの的だ。スーパーポテト秋葉原店（東京・千代田）では現在、来客の8割ほどを外国人が占める。「ゲームボーイ」などのゲームカートリッジの人気が高く、「スーパーマリオ」や「ファイナルファンタジー」シリーズは「コロナ前は数百円だった値段が2倍以上になっているものもある」（店長）という。

米国からの旅行者、カーペンターさんは、初代「プレイステーション」などのソフトを5本まとめて購入した。「米国だと50ドル（約6700円）以上するものが、日本では数百円から千円ぐらいで手に入る」と満足げだ。

価格10倍以上に

関西でも同様の現象が起きている。レトロゲームを扱うゲーム探偵団（大阪市）では、外国人客はコロナ前の7割程度に回復しているという。「最近では来店客の半分を外国人が占める」（店長の神前貴之さん）状況だといい、特に売れ筋なのが「スーパーファミコン」や「メガドライブ」のソフトだ。プレミアが付いた商品は、発売当時の新品価格の10倍以上に高騰しているものもある。

レトロブームで脚光を浴びる80～90年代は、当時の流行や最新技術を備えたスタイリッシュな日本製家電や電子機器が世界市場を席巻し、日本人も国内外で購買力を誇った時代だった。インバウンド消費に沸くレトロ中古品によって日本の魅力が再発見されている。

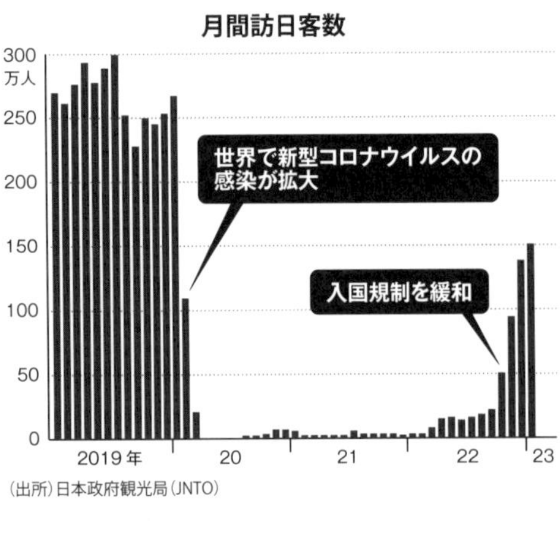

月間訪日客数

（出所）日本政府観光局（JNTO）

（※）記事のレイアウト、フォント、フォントサイズは変更されています。

（1）レトロブームに関する記述について、下記のａ～ｃに入れるべき語句の組み合わせとして、適切なものを選択肢から選べ。

音楽の楽しみ方がＣＤから配信サービスへと変わる一方で、［ a ］することの価値や［ b ］独特の音質が見直され、レコードブームが世界で再燃している。

フィルムカメラは、ＳＮＳのインフルエンサーや世界的なセレブタレントらの投稿をきっかけに、フィルムならではの風合いを新鮮に感じた［ c ］の間で人気が広がった。

【選択肢】

	a	b	c
ア.	消費	デジタル	若い世代
イ.	所有	アナログ	若い世代
ウ.	所有	アナログ	アーティスト

（2）日本が中古品の黄金郷である理由について、もっとも適切なものを選択肢から選べ。

【選択肢】

ア．一目で丁寧に扱われていたと分かる､保存状態のよいレア物の中古品が多い。

イ．レトロブームで主に1960～1970年代のレコード盤、フィルムカメラ、ゲーム機の中古品の人気が高い。

ウ．円高もあいまって、豊富な品揃えと値ごろ感がある中古品が多く、外国人旅行客の購買意欲をかきたてている。

（3）日本の中古品の品揃えや価格に関する記述について、下線部の語句のうち適切なものを選択肢から選べ。

1980 ～ 1990 年代のバブル景気の前後の時期に海外の大物アーティストの来日公演が相次ぎ、日本限定版のレコードや多くの洋楽レコードが販売された。そのため、幅広いジャンル・年代のレコード盤が数多く残っている。

フィルムカメラは 1970 ～ 1980 年代のものが売れ筋で、当時の国内での普及率の高さもあり、世界でも有数の在庫を抱えている。

レトロゲームも在庫が豊富で往年のファンの人気が高く、特に売れ筋のソフトでは、コロナ前の 10 倍以上に高騰しているものもある。

【選択肢】

ア．バブル景気

イ．1970 ～ 1980 年代

ウ．コロナ前の 10 倍以上

（4）訪日外国人の動向に関する記述について、適切なものを選択肢から選べ。

【選択肢】

ア．タワーレコード渋谷店では、2023 年 1 月のレコードの売り上げのうち訪日客の比率が約 4 割を占めた。

イ．クラシックカメラモリッツでは、売り上げの 7 割が外国人となっている。

ウ．レトロゲームを扱うゲーム探偵団では、来店客の 7 割程度を外国人が占めている。

（5）月間訪日客数の推移を示したグラフから読み取れることとして、適切なものを選択肢から選べ。

【選択肢】

ア．新型コロナウイルス感染拡大前の 2019 年の訪日客数は、年間 250 万人前後であった。

イ．世界で新型コロナウイルスの感染が拡大したのは 2020 年 1 月で、その月の訪日客数は 100 万人程度に急減した。

ウ．2022 年 10 月に日本の入国規制が緩和されて以来、訪日客数は急増し、2023 年 1 月には約 150 万人にまで回復した。

問6 次のケースを読んで各問に答えよ。

田中優奈は、デザイン性と機能性が高い製品の開発を特徴とする、国内外で人気の高いスポーツ用品メーカー「アルファ」に入社して10ヵ月の社員である。現在は本社の営業部に勤務し、課長の遠藤と先輩社員の山口の指導を受けながら、全国展開するスポーツ用品販売店の「ネクスト」を担当している。ネクストとの取引は、当社製品と共に、両社のコラボレーションで開発する限定アイテムなど多岐にわたっている。

田中は２月５日月曜日の夕方に、ネクストの購買担当の牧野から電話を受けた。

牧野「田中さん、売上と在庫状況を確認していたところ、御社の日本代表タオルの人気が高く売上が好調です。店頭在庫が品薄になることが予想されますので、次の入荷予定を確認させてください。特にMサイズが好調です。」

田中「承知いたしました。Mサイズの在庫状況を調べますので少しお待ちください。」

在庫管理システム　在庫表（２月５日現在）

アイテム	種別	在庫数
日本代表タオル	Mサイズ	500

田中が、社内の在庫管理システムを調べたところ、牧野に依頼されたアイテムは、社内でも在庫が少なくなっていることがわかった。田中は、山口の指導を通じて、受注や出荷手配業務を行うことができるが、これまで顧客が希望する商品の在庫が不足することはなかった。そのため、どのように対処すべきか山口に確認しようとしたところ、山口はお客さまとの打ち合わせ中であった。

（１）田中が取るべき行動として、もっとも適切なものを選択肢から選べ。

【選択肢】

ア．ネクストが希望する数量と納入日で受注することを牧野に回答し、電話を切った後に、山口のアドバイスを受けながら、顧客が希望する数量を出荷できるようにする。

イ．確認のため電話を保留にすることを牧野に伝え、手短に確認できるように要点をまとめたうえで、打ち合わせ中の山口に相談する。

ウ．在庫が不足していることを伝え、牧野が希望する数量と納入日を再度確認し、折り返し連絡することを伝え電話を切る。

第３編 4

先ほどの電話では、牧野からは複数回に分けてでも構わないので、なるべく早く出荷予定日を教えてもらいたいとの依頼を受けている。牧野の依頼を受けた後、田中は山口から在庫管理システムで製品の入出庫予定を確認する方法を教えてもらった。

入出庫予定は次の表の通りである。

牧野の要望は2月9日までに10,000枚の納品だが、納期に間に合わず分割での納品になる場合は、物流倉庫の都合上、1回の納品を5,000枚として2回に分けて納品して欲しいとのことであった。なお、アルファはネクストに対して、出庫当日中の納品が可能である。

入出庫予定表（2月5日現在）

アイテム：日本代表タオル

種別：Mサイズ

日付	曜日	入庫予定数	出庫予定数
2/5	月	0	0
2/6	火	1,500	0
2/7	水	1,500	0
2/8	木	1,500	0
2/9	金	1,500	1,000
2/10	土	0	0
2/11	日	0	0
2/12	月	2,000	0
2/13	火	2,000	0
2/14	水	2,000	0
2/15	木	2,000	2,000

（2）在庫表と入出庫予定表から、牧野の依頼に応じて10,000枚を2回に分割して納品した場合、納期が最短となる出荷予定日の組み合わせとして、もっとも適切なものを選択肢から選べ。

【選択肢】

ア．2月8日と2月13日

イ．2月8日と2月14日

ウ．2月9日と2月15日

翌日、朝礼が終わると、取引先の「オーシャン」との企画会議に関して、遠藤から山口と田中が呼ばれた。オーシャンは、カジュアルウエアを中心に販売しているが、近年はおしゃれで機能性の高いウエアの人気が高まっており、アルファの技術力に注目している。

遠藤「山口さんが担当するオーシャンと当社で、限定モデルＴシャツの販売を計画しています。明後日の２月８日にオーシャンとの企画会議を予定していますので、田中さんも山口さんと共に準備を進めてください。」

山口「承知しました。昨日、オーシャンの宇佐美さんから連絡がありました。今回の会議では販売候補を決めていきたいため、デザインの他にも、素材の機能性についても資料を準備してほしいとの依頼がありました。」

遠藤「それでは、企画会議にはデザイン案と共に、生地のサンプルとそれぞれの特徴をまとめた資料を作成して紹介しましょう。当社の目玉商品である新素材Ｘも紹介したいですね。コストに関する情報も忘れずに調べておいてください。明日２月７日の14時から我々３人で、事前の打ち合わせをしましょう。」

山口「私は会議全体の準備とコスト情報を確認しますので、田中さんは企画会議に参加する技術部の中山さんから必要な技術情報を集めてください。」

田中「承知しました。中山さんへ連絡して準備を進めます。」

田中は必要となる情報を整理して中山へ依頼しようと考えていたが、牧野から連絡を受けた日本代表タオルの出荷手配、他製品の手配や新商品の案内などの業務を行う中で、企画会議の準備が後回しになってしまった。中山への依頼ができないまま、終業時間が近づいてきた。

（3）田中が取るべき行動について、もっとも適切なものを選択肢から選べ。

【選択肢】

ア．遠藤に状況を説明した後、すぐに中山に連絡し、急ぎの依頼になったことをお詫びしたうえで、必要となる資料を伝え、７日の午前中に資料を提出してもらえるように依頼する。

イ．事前打ち合わせに間に合わせるため、自社のホームページや、技術部が社内に配信している電子メールなどから、最近の開発状況や製品情報をまとめる。

ウ．事前打ち合わせの準備が遅れてしまったことをただちに遠藤と山口に報告して、山口へ資料の準備を依頼する。

田中は、遠藤と山口の指導とサポートを受けて打ち合わせを行い、オーシャンとの企画会議の準備を進めた。当日は、山口と田中が準備した資料や提案が宇佐美に好評で、順調に進行した。

宇佐美「本日はありがとうございました。新素材Ｘは非常に興味深いですね。

具体的な価格と供給時期の提案をいただけないでしょうか。」
遠藤「ありがとうございます。社内で協議しまして、またご連絡いたします。」
翌日になり、遠藤と山口、中山、田中で昨日の企画会議の振り返りを行った。
中山「有意義な会議になりましたね。さっそく、価格や供給時期を製造部と協議します。」
遠藤「田中さん、議事録を作成したら確認しますので見せてください。」
田中「承知しました。」
田中は、議事録の作成に取りかかった。

2024年2月9日作成

企画会議議事録

（作成者）営業部　田中優奈

開催日時　2024年2月8日（木）13:00～15:00
開催場所　アルファ本社第1会議室

a

議題と協議事項
　デザイン案の提案
　　当社が提示したデザイン案は全体的に好評であった。
　　宇佐美様が持ち帰り、オーシャン社内で検討する。
　各種素材の説明
　　技術データを提示し、それぞれの素材の特徴を説明した。
　　新素材Xに関心が高く、多くの質問を受けた。

b

　　新素材Xを軸としてコラボレーションTシャツを開発する。
　　新素材Xの価格、供給時期について提案する。

以上

（4）田中が作成する議事録の項目として空欄ａとｂに入れるべき語句の組み合わせとして、適切なものを選択肢から選べ。

【選択肢】

	a	b
ア.	当社製品の過去半年の売上状況	競合他社の状況
イ.	会議の参加者	今後の展開
ウ.	議事録の配信先	コラボレーションＴシャツの出荷スケジュール

田中は、会議の内容や、宇佐美からの新素材の価格などの依頼事項をまとめて議事録を作成し、遠藤の確認を受けた後に関連部門に配信して、会議で協議した内容をフォローアップすることとした。

田中はこの一週間の行動を振り返った。

（5）田中のこれまでの行動を振り返り、今後改善すべき点について、もっとも適切なものを選択肢から選べ。

【選択肢】

ア. スケジュールを優先するために、仕事が集中して忙しくなってしまったときには、正確性を下げても在庫状況や出荷日の確認作業を簡潔にすべきであった。

イ. 社内のすべての人が効率的に働けるようにするために、納期や期限が近い仕事が集中してしまったときには、社内の業務を優先すべきであった。

ウ. 仕事の期日を意識し、計画的に仕事を行うことが重要であり、企画会議の準備が遅れないよう仕事の優先順位を確認しながら進めるべきであった。

次の<資料１>、<資料２>は温泉旅館を経営するＺ社の３年間の売上高と宿泊客数の推移、３年間の宿泊客の年齢層別の割合をまとめたものである。これらの資料を見て各問に答えよ。

<資料1>　３年間の売上高と宿泊客数の推移

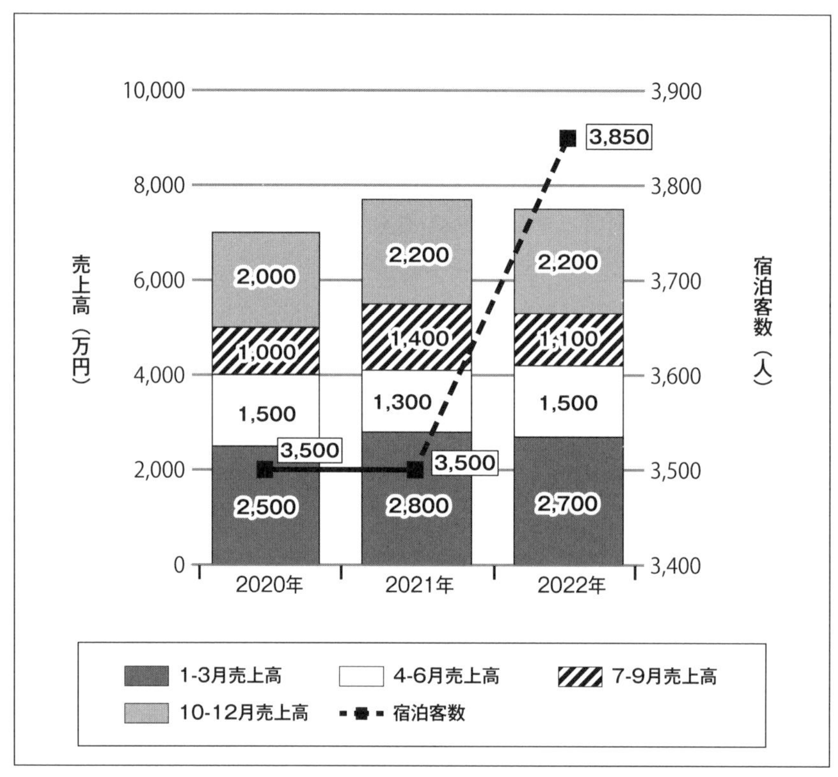

<資料2>　３年間の宿泊客の年齢層別の割合

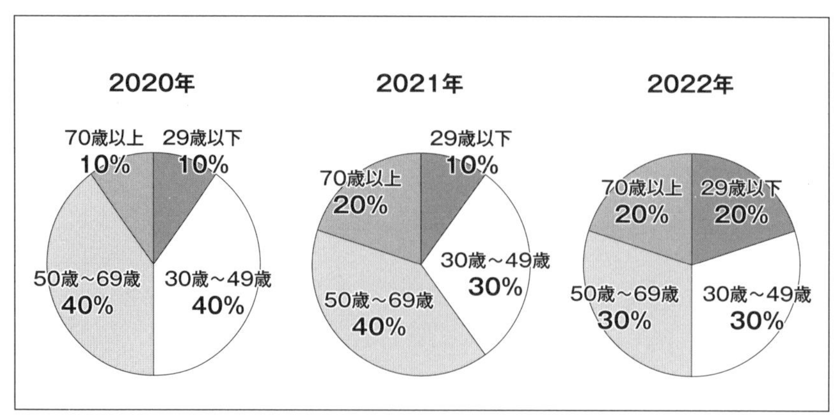

（1）<資料１>から読み取れる売上高の変化に関する記述について、下記の［　　］に入れるべき語句の組み合わせとして、適切なものを選択肢から選べ。

2020年から2022年の３年間でZ社の売上高がもっとも大きいのは［ a ］で、各年で売上高がもっとも大きい時期は［ b ］になっている。2022年の売上高を時期ごとに見ると、もっとも大きい時期と小さい時期の差は［ c ］である。

【選択肢】

	a	b	c
ア.	2021年	10-12月	1,200万円
イ.	2022年	1－3月	1,200万円
ウ.	2021年	1－3月	1,600万円

（2）<資料１>から読み取れる宿泊客数と客単価に関する記述について、適切なものを選択肢から選べ。ただし、客単価＝売上高÷宿泊客数とする。

【選択肢】

ア. 2021年の宿泊客数は7,700人で、2020年と比較して700人増加している。

イ. 宿泊客数がもっとも多いのは2022年で、2021年と比較して10%の増加となっている。

ウ. 2022年の客単価は２万円で、３年間でもっとも高くなっている。

（3）<資料２>から読み取れる宿泊客の年齢層別の割合の傾向と変化に関する記述の正誤の組み合わせとして、適切なものを選択肢から選べ。

a.「29歳以下」の割合は、2020年と2021年では変化はないが、2022年と2021年を比較すると２倍に増えている。

b. ３年間のすべてにおいて、50歳以上の宿泊客が60%以上を占めていて、その中でも「50歳～69歳」の年齢層の割合が大きい。

c. 2021年と2022年を比較すると、「30歳～49歳」と「70歳以上」の年齢層の割合に変化がない。

【選択肢】

	a	b	c
ア.	正	誤	正
イ.	誤	誤	正
ウ.	正	正	誤

第３編 4

（4）＜資料１＞、＜資料２＞から読み取れる売上高と各年齢層の宿泊客数に関する記述について、下線部の語句のうち適切なものを選択肢から選べ。

2020年の「70歳以上」の宿泊客数と「50歳～69歳」の宿泊客数の差は700人である。また、「30歳～49歳」の宿泊客数の推移を見ると毎年減少している。売上高の推移を見ると３年間を通して２番目に多い時期は10月から12月であり、毎年、売上高全体の25%以上を占めている。

【選択肢】

ア．700人

イ．毎年減少

ウ．25%以上

（5）＜資料１＞、＜資料２＞から、Ｚ社の今後の売上高増加のための方針に関する記述について、もっとも適切なものを選択肢から選べ。

【選択肢】

ア．「29歳以下」の宿泊客数は毎年増加していて、３年間で２倍以上の人数になっているため、１月から３月に価格を抑えた宿泊プランの設定やＳＮＳでの情報発信を進めることで、さらなる宿泊客数の増加を目指す。

イ．「50歳～69歳」の宿泊客数は３年間で15%以上減少しているため、同年齢層が集まる施設にチラシを置いたり、過去の利用者にダイレクトメールを送付したりして、宿泊客数の回復を目指す。

ウ．2022年の売上高に占める７月～９月の売上高の割合は、2021年に比べて増えているので、地元の観光協会と協力して夏祭りをＰＲすることで、さらなる宿泊客数の増加を目指す。

●監修者紹介●

一般財団法人　職業教育・キャリア教育財団

ビジネス能力検定（Ｂ検）および情報検定（Ｊ検）の試験実施団体。職業教育・キャリア教育の情報を広く社会に発信し、職業教育・キャリア教育に対する社会の理解を深めることにより、教育機関および学習者を支援するとともに職業教育・キャリア教育の普及啓発に努めている。具体的な事業としては９つあり、研究事業、研修事業、国際交流事業、検定事業、キャリア形成支援事業、評価事業、認証事業、安心・安全の確保に資する事業、助成・補助事業を実施している。

2024年版　ビジネス能力検定ジョブパス３級公式試験問題集

2024年 3月 5日　　初版第1刷発行

監修者――一般財団法人 職業教育・キャリア教育財団
　　　　©2024　Association for Technical and Career Education

発行者――張　士洛

発行所――日本能率協会マネジメントセンター
〒103-6009　東京都中央区日本橋2-7-1　東京日本橋タワー
TEL　03(6362)4339（編集）／03(6362)4558（販売）
FAX　03(3272)8127（編集・販売）
https://www.jmam.co.jp/

装　丁――――――――岡村 佳織
カバーイラスト――――村山 宇希（ぽるか）
本文イラスト―――――高田 真弓
本文DTP―――――――株式会社アプレ コミュニケーションズ
印刷所――――――――広研印刷株式会社
製本所――――――――株式会社三森製本所

ISBN978-4-8005-9167-8　C3034
落丁・乱丁はおとりかえします。
PRINTED IN JAPAN

一般財団法人　職業教育・キャリア教育財団　**教材・テキストのご案内**

ビジネス能力検定ジョブパス（B検ジョブパス）の公式テキスト

試験に対応した唯一の公式テキストであり、試験対策用教材です。職業教育・キャリア教育の道しるべとしてご活用いただけます。

一般財団法人　職業教育・キャリア教育財団　監修

ビジネス能力検定ジョブパス３級公式テキスト
B5判　160頁

留学生向けふりがな付き ビジネス能力検定ジョブパス３級公式テキスト
B5判　176頁

ビジネス能力検定ジョブパス２級公式テキスト
B5判　168頁

情報検定（J検）の公式テキスト

講義は原則テーマごとに、２ページ見開きで、各部には過去問題も掲載し、知識定着と問題演習が同時にできるようになっています。

一般財団法人　職業教育・キャリア教育財団　監修

J検 情報活用１・２級 完全対策公式テキスト
B5判
328頁（別冊48頁）

J検 情報活用３級 完全対策公式テキスト
B5判
188頁（別冊36頁）

J検 情報システム 完全対策公式テキスト
B5判
376頁（別冊44頁）

J検 情報デザイン 完全対策公式テキスト
A5判
カラー４頁+224頁
（別冊20頁）

2024年版　ビジネス能力検定ジョブパス3級公式試験問題集

別冊

解答・解説

令和４年度前期
ビジネス能力検定ジョブパス３級の
結果概要

●分野別の配点と平均点

分野別分類	分類名	問数	配点	平均点
A	ビジネス常識	9	28	19.2
B	時事・社会	9	28	20.4
C	組織・業務基本	6	18	14.7
D	コミュニケーション手法	11	26	21.7
	合計	35	100	76.0

●分野別出題率

●分野別平均点

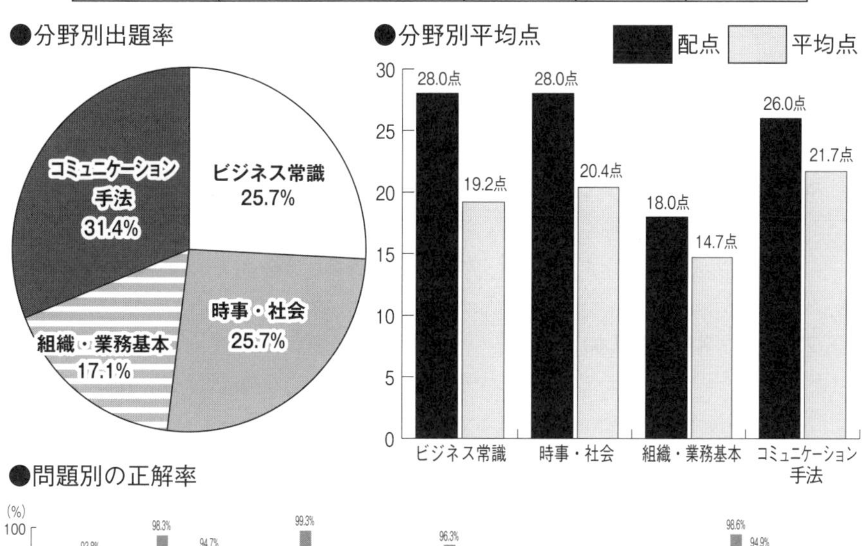

●問題別の正解率

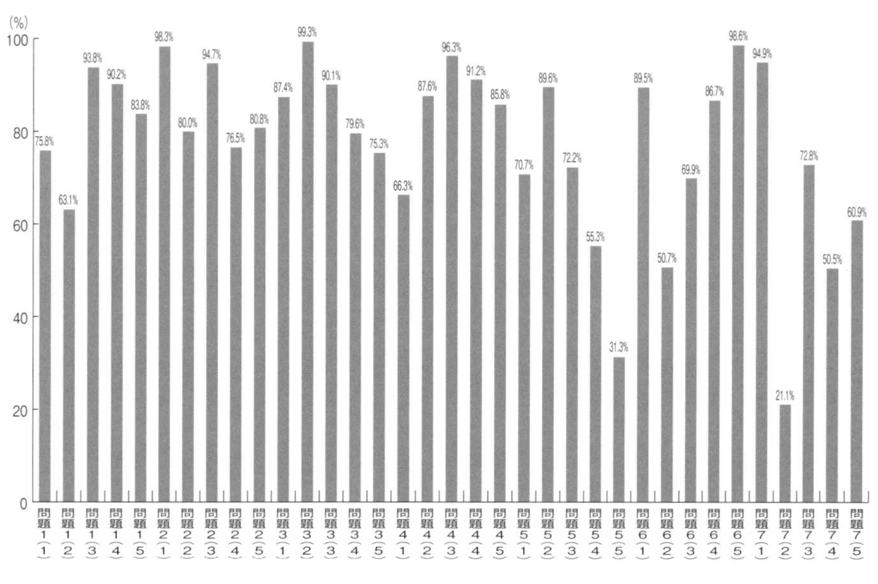

❶ 令和４年度前期試験問題

（1）ア（ビジネス用語の基本）

ア（正）―ユニバーサルデザインとは、障がい者、健常者、高齢者といった区別なく、すべての人が使いやすいデザインのことです。頭文字を取って、「UD」と表現される場合もあります。身近な例としては、センサー式の自動ドアがあります。開閉する作業が必要ないため、車椅子の人や荷物を持った人など、どのような人にも通りやすいデザインです。

イ（誤）―バリアフリーとは、障がい者や高齢者のために、障害物を取り除き生活しやすくすることです。たとえば、車椅子が通りやすいように段差をなくしたり、歩行困難な人が階段を上りやすいように手すりを付けたりするなど暮らしやすい生活や社会環境をつくりだすことです。

ウ（誤）―ノーマライゼーションとは、障がい者、高齢者などに特別な配慮をするのではなく、一般の人と区別なく、社会生活を送れるようにしようという考え方です。ユニバーサルデザインと似ていますが、ユニバーサルデザインはデザイン（設計）であるのに対し、ノーマライゼーションは考え方（理念）である点が大きく異なります。

（2）ア（ビジネス用語の基本）

ア（正）―リデュースとは、ごみを減らす取り組みです。むだな物は買わず、物は大切に長く使うほか、レジ袋の代わりにエコバッグを使うなどがあります。耐久性の高い製品や資源を効率的に使用する工夫、リサイクル素材を使用した製品を選ぶことも大切です。リデュース（Reduce）、リサイクル（Recycle）、リユース（Reuse）の3つの取り組みをまとめて、「3R」といいます。

イ（誤）―リサイクルとは、廃棄物を他の原材料やエネルギー源として再利用する取り組みです。リサイクルには、ペットボトルを繊維の原材料にするなど素材としてリサイクルするマテリアルリサイクル、廃棄物を焼却する際に発生する熱を再利用するサーマルリサイクル、プリンターの使用済みインクを回収し、修理・加工してインクを補充した再生インクなど製品をそのまま再利用するプロダクトリサイクルがあります。

ウ（誤）―リユースとは、使用済製品やその部品等を繰り返し使う取り組みです。2015年国際連合サミットで加盟国の全会一致で採択された、2030年までに持続可能でよりよい世界を目指す国際目標（SDGs）もあり、中古品販売や中古品の個人売買などのリユース市場も拡大しています。

（3）ウ（ビジネス用語の基本）

ア（誤）―インフルエンサーとは、影響力がある人のことです。SNSでフォロワーが多い人、視聴者が多いYouTuber、有名な芸能人やモデルなどが代表例です。インフルエンサーを通じて消費者に広告宣伝する、インフルエンサーマーケティングを活用する企業が増えています。

イ（誤）—ユネスコとは、国際連合教育科学文化機関のことで、国際連合の専門機関の一つです。諸国民の教育、科学、文化の協力と交流を通じて、国際平和と人類の福祉の促進を目的としています。世界遺産を登録する機関でもあります。

ウ（正）—サミットとは、主要国首脳会議のことで、首脳の地位を「山頂」にたとえた呼び名です。自由貿易や環境問題など世界におけるさまざまな課題を検討するため、毎年、日本、イギリス、ドイツ、フランス、イタリア、アメリカ合衆国、カナダの首脳（G７、現在参加停止中のロシアを含める場合はG８）を招集し、各国持ち回りで開催されています。

（4）ウ（ビジネス用語の基本）

ア（誤）—O2Oとは、インターネット（Online）で集客して、実際の店舗（Offline）に顧客を誘導するマーケティング手法です。たとえば、スマートフォンのアプリケーションでクーポンを配信したり、SNSに新製品情報を流したりして来店を促進します。

イ（誤）—５Gとは、第５世代移動通信システムのことです。特徴としては、高速大容量、多数同時接続、高信頼・低遅延通信があげられます。携帯端末への動画配信や、IoTの普及拡大に必要とされています。

ウ（正）—SSL/TLSとは、インターネット通信の暗号化技術のことです。TLSはSSLをもとに標準化され、合わせてSSL/TLSと呼ばれます。通信時に個人情報など重要な情報が第三者に漏れることを防ぐために使われます。

（5）ア（ビジネス用語の基本）

ア（正）—プライベートブランドとは、小売・流通業者が独自に企画・開発した製品のことです。一般的にナショナルブランドより低価格で販売されています。代表的なものに、「トップバリュ」「セブンプレミアム」などがあります。

イ（誤）—マーケットシェアとは、製品やサービスの市場への総供給量のうち、特定の製品やサービスの供給量が占める割合（市場占有率）のことです。マーケットシェアは、製造・販売などの経営戦略にも使用される重要な指標です。

ウ（誤）—ナショナルブランドとは、メーカーのブランド商品のことです。商品の企画、開発から製造までメーカーが行い、小売・流通業者を通して市場で販売されます。代表的なものに、「カップヌードル」「コカ・コーラ」などがあります。

（1）イ（第１編第２章第３節）

ア（誤）—仕事の納期が守れないことは、信頼の低下につながります。納期直前まで自分一人で抱え込むと遅れる可能性があるため、計画に遅れが生じるようであれば速やかに上司に相談して改善策を検討することが重要です。

イ（正）—時間の余裕がなくなると、急場しのぎで雑になり、仕事の質の低下につながります。

仕事の質を保つためには、納期から逆算してスケジュールを立てることが大切です。

ウ（誤）—重要な仕事を後回しにすると、時間が足りずに仕事の質が低下することがあるため、優先して行うことが大切です。重要な仕事にできるだけ多くの時間を割り当て、比較的重要ではない仕事の時間は効率的に短時間ですませて、時間を有効に使うという意識を持つことが大事です。

（2）イ（第1編第4章第1節、第1編第3章第2節、第1編第2章第4節）

a（誤）—上司の指示がよくわからないときは、間違って進めてムダな仕事をしないために、上司に質問して正確に指示を理解することが重要です。

b（誤）—仕事でミスをした場合には、まず、隠さず報告します。上司は注意や叱責（しっせき）をすることがありますが、これは二度と同じ失敗を繰り返させないための教育です。無理に正当化したり弁解したりせず、素直に耳を傾けるようにします。

c（正）—仕事を進めるうえでは、協調意識が大切です。自由に意見を述べ合える雰囲気づくりが重要になり、自分の意見が正しいと思った場合でも、まず、相手の意見を聞く姿勢が大切になります。

（3）ア（第1編第4章第2節）

ア（正）—「些細（ささい）なこと」でも報告して情報を共有することで、お客さまのニーズの把握や新たなサービスの提供につながることがあります。業務に関係のあることは、些細なことでも自己判断せずに報告することが必要です。

イ（誤）—報告を行うときは、まず、結論から述べ、経緯を説明します。事実と自分の感想・意見・印象・推測などとを区別して、事実について客観的に述べます。

ウ（誤）—依頼された仕事が終わったら、速やかに上司に報告することが大切です。上司が忙しい場合は、あらかじめ上司に時間をとってもらえるよう申し入れるなどして必ず報告します。

（4）ウ（第2編第1章第4節、第2編第1章第5節）

a（正）—パソコンに保存するだけでは、情報を共有できません。情報を共有するには、割り当てられたクラウド上のフォルダに保存する方法や、電子メールの添付ファイルで送信する方法があります。クラウドを利用するほうが、よりセキュリティは高くなります。

b（正）—スケジュールや情報を共有できるグループウエアを使用すると、業務効率化が図れます。たとえば、メンバーがテレワーク中でも、直接聞かなくてもすぐにスケジュールが確認でき、Web 会議中に必要な情報を確認し合えます。

c（誤）—パソコンやネットワークの利用にあたり、他人がアクセスできないように ID とパスワードを設定し、他人に知られないように管理することが必要です。ID やパスワードが他人に知られると、情報が漏洩（ろうえい）したり、不正な操作をされたりする危険があります。誰の目にも入るパソコンなどに、メモしておかないようにしましょう。

（5）ア（第1編第3章第5節）

a（誤）—職場に戻ったときのあいさつは、「ただ今戻りました」が正しい例です。「どうも」という返事だけではそのあとに何が続くのかわからないため、最後まできちんと言い切ることが大切です。

b（正）—お礼を伝えるときのあいさつとして、「恐れ入ります」は正しいことばづかいです。

c（誤）—「ご苦労さまでした」は、上司や目上の人が、指示を実行した部下や目下の人に対してかけるねぎらいのことばです。先輩は目上の人のため、「お疲れさまです」が正しいあいさつです。

（1）イ（ビジネス用語の基本）

ア（誤）—電子決済のことです。キャッシュレス決済とも呼ばれ、従来の交通系カードに加えて大手流通系の電子マネーや、スマートフォンとＱＲコードを組み合わせた決済も始まっています。消費者は現金を扱わないため、店舗側はレジ業務の効率化、人件費の削減などの効果もあります。

イ（正）—クーリングオフのことです。契約後一定期間内（特定継続的役務提供・訪問購入などは8日間、連鎖販売取引・業務提供誘引販売取引は20日間）であれば、無条件で解約できる制度です。2022年6月より、電子メールなどの電磁的記録でもクーリングオフの通知を行うことが可能になりました。

ウ（誤）—リコールのことです。例としては、充電中に発煙・発火する可能性があるリチウム電池内蔵充電器や、排出ガス規制に違反しているトラックなどがあります。

（2）ウ（ビジネス用語の基本）

ア（誤）—食品偽装のことです。豚肉を使った食品の原材料に牛肉と表示して原材料を偽(いつわ)ったりする例があります。また、外国産の牛肉を国産として産地を偽ったり、アサリの産地偽装が問題になりました。

イ（誤）—消費期限のことです。消費期限は「安全に食べられる期限」のことですが、「賞味期限」は「品質が変わらずおいしく食べられる期限」のことです。賞味期限が過ぎても、すぐに食べられなくなるわけではありません。

ウ（正）—食品ロスのことです。日本では年間約523万トン、世界では約25億トンとされています。飢えや栄養不足で苦しんでいる人が、世界に約8億人いるといわれるなかで、食品ロスが問題となっています。

（3）ア（ビジネス用語の基本）

ア（正）—WTO（世界貿易機関）のことです。WTOは貿易の自由化を促すためにさまざまな国際ルールを定めたり、加盟国間の交渉の場を提供したりする国際機関です。1995年1月に設立され、本部はスイスのジュネーブにあります。2022年6月現在、164ヵ国・地域が加盟しています。

イ（誤）—GDP（国内総生産）のことです。個人消費、企業の設備投資、政府支出、貿易収支などで構成されます。日本の2022年度の実質GDP成長率は、1.4%でした。

ウ（誤）—EU（欧州連合）のことです。1993年11月に発効された、欧州連合条約（マーストリヒト条約）に基づき創設されました。2020年に英国が脱退し、加盟国は27ヵ国となりました。

（4）ウ（ビジネス用語の基本）

ア（誤）—シミュレーションのことです。自然科学や経済学などさまざまな分野で活用されています。たとえば、自動車開発で空気抵抗を減らすために自動車の周りの気流をシミュレーションで解析する例などがあります。

イ（誤）—ネットの誹謗中傷のことです。SNSは匿名で投稿でき、また、他人の発言を容易に拡散できるため、誹謗中傷の被害者が出るなどの社会問題となっています。

ウ（正）—ブレーンストーミングのことです。自由に多くの案を出し合う、他人の案を否定しないといったルールの下に、問題を討議して新しい考えを創出させるというアイデア発想のための討議法の一つです。

（5）ウ（ビジネス用語の基本）

ア（誤）—パブリシティのことです。広告のような多くの予算を必要としない、マスメディアに取り上げられるため信頼性が高いものになるという利点のほか、企業側のコントロールが困難という特徴があります。

イ（誤）—POS（販売時点情報管理）のことです。集められたデータから販売数量と販売日時がわかるため、仕入数量と突き合わせて在庫管理に利用したり、売れ筋商品を把握して販売戦略に活用したりすることができます。

ウ（正）—セールスプロモーションのことです。コロナ下でインターネットの検索連動型広告や、動画配信サイトの動画広告など非対面型のセールスプロモーションが増えています。

（1）ウ（第1編第1章第3節）

a（階層）—会社組織のタテの分業は、上位から社長→取締役→部長→課長→係長→主任などというように、階層別に分かれています。ヨコの分業は、購買部、製造部、販売部、管理部などのように部門別に分かれています。

b（トップ）—会社の方針や売上利益計画、商品開発計画などの意思決定は、社長・役員などのトップマネジメントの役割です。

c（ミドル）—会社方針などの実現に責任をもつのは、ミドルマネジメントの役割です。具体的な施策を立案して実行の指揮をとり、部下を管理します。

（2）イ（第1編第6章第4節）

a（正）—読み間違いは失礼になるため、名前を聞き取れず、名前の読み方もわからない場合は、「失礼ですが、どのようにお読みするのでしょうか」とたずねます。

b（誤）―紹介するときは、下位の人を上位の人へ、年少者を年長者へ、自社の人を他社の人へというように、立場の低いほうや身内にあたるほうを先に紹介するのが原則です。したがって、初めに自社の上司、先輩の順にお客さまに紹介し、その後お客さまを自社の上司と先輩に紹介するのが正しい順です。

c（正）―適切な方法です。名刺交換は、初対面の人とのコミュニケーションの始まりであり、自分や会社のイメージにも影響するため、正しい方法を身につけておく必要があります。

（3）ウ（第２編第２章第４節）

a（事務所移転）―主文に「このたび弊社事務所は下記住所に移転することとなりました」とあるため、主文に合った件名は、「事務所移転のご挨拶」です。

b（略儀ながら）―「略儀ながら」は、本来ならお伺いして申し上げるところという気持ちを含んだことばです。「取り急ぎ」は、ひとまず連絡しておき、後からきちんと対応するという意味で、相手に失礼になる可能性があるため社外文書に使用するのは適しません。

c（敬具）―頭語で「拝啓」が使われているため、対応して使われる「敬具」が正しい結語です。結語の「謹白」に対応する頭語は「謹啓」です。「謹啓 - 謹白」は「拝啓 - 敬具」よりもさらにあらたまった表現です。

（4）ア（第１編第６章第５節）

a（誤）―訪問の目的に沿って、必要な資料の収集、訪問先の情報収集などを行うことにより、お客さまが商品の説明を求めている背景や、商品の説明のポイントが見えてきます。すでに取引のある会社であれば、過去から現在に至る取引状況を調べ、特徴などについても把握しておきます。

b（正）―訪問後に直接帰宅するときは、事前に上司の許可を得ます。面談終了時には、再度、その旨の連絡を入れます。

c（正）―当日になって訪問できないような事情が生じたときは、わかった時点で上司に報告し、すみやかにお客さまに連絡しておわびをしたうえで、あらためて日時の調整をお願いします。直前のキャンセルは、どれほど正当な理由であっても、相手の印象をたいへん悪くするため、極力避けるようにします。

（5）イ（第２編第３章第２節）

ア（誤）―回答できると思われる担当者へ電話を転送するときは、「ただ今、担当者と代わります。少々お待ちください」などが正しい例です。もし、分からないことを伝える場合は、「申し訳ありません。私では分かりかねます」と伝え、さらに次の対応を取ります。

イ（正）―選択肢の対応は適切です。電話では、言葉づかいや話し方で態度が伝わります。電話を受けるときは、自分の対応１つで会社の印象がよくも悪くもなるという気持ちで対応します。

ウ（誤）―社外の人からの電話で名指しされた人が不在の場合は、名指し人の帰社時間の予定は伝えても問題ありませんが、出先や理由については詳しくは話さないことが原則です。また、相手に「○○（自分の名前）が確かに承りました」と、自分の名前を告げることが基本です。

（1）ア（第２編第５章第３節）

ア（正）―リード文１行目に、「スタートアップが家電や家具のサブスクリプション（定額課金）型サービスで攻勢をかける。レンティオ（東京・品川）は今後３年間で取扱在庫量を現状の４倍に増やす。高額商品を購入する前に、お試しで使いたい消費者の需要を掘り起こす」とあり、選択肢と合致します。

イ（誤）―本文２段目４行目に、「特に高額品を試し、気に入ればそのまま購入できる事業モデルが受けている」とあり、選択肢の「気に入った高額商品を購入せずに」と合致しません。

ウ（誤）―本文１段目後ろから６行目に、「消費スタイルがモノの『所有』から『共有』に変わる流れが強まり」とあり、選択肢の「人々の消費スタイルが『共有』から『所有』に変わる」と合致しません。

（2）イ（第２編第５章第３節）

a（正）―グラフから、2019 年に 2,000 億円を超えていることがわかります。また、本文２段目 12 行目に、「サブスクの市場規模は 23 年に 2620 億円と 17 年の 1.7 倍に拡大する見込みだ」とあり、設問文と合致します。

b（正）―グラフから、市場規模が2017年から2023年まで一貫して拡大していることがわかり、設問文と合致します。

c（誤）―本文１段目１行目に、レンティオの記述があり、本文１段目 10 行目に、「2024 年をメドに家電などの取扱在庫量を現状の４倍の 40 万点まで積み上げる」とあります。また、本文１段目 19 行目に、「倉庫も現状の８倍近い２万 6000 平方メートルに拡張する」とあります。設問文の「取扱在庫量を現状の８倍に増やし、倉庫も現状の４倍近い広さに拡張する」と合致しません。

（3）ウ（第２編第５章第３節）

ア（誤）―本文２段目後ろから 12 行目に、「有望な成長市場に大手メーカーも関心を寄せる」とあり、本文２段目後ろから２行目に、「先行する新興勢との連携を強めている」とあります。大手メーカーがサブスク型の事業モデルに関心を寄せ、先行する新興勢との連携を強めていることが読み取れ、選択肢の「大手も関心を寄せ、これらの企業も独自に新しいサービスを始める」と合致しません。

イ（誤）―本文２段目後ろから 11 行目に、「大手メーカーも関心を寄せるが、事業立ち上げは簡単でない。商品を保管する倉庫や、管理・点検する人材の採用にコストがかかる。盗難など不正を防ぐための厳格な与信審査の仕組みも必要だ」とあります。選択肢の「商品の保管や管理・点検、盗難などの不正を防ぐための仕組みやノウハウ」が不足しているのは、スタートアップではなく大手メーカーであることが読み取れ、選択肢と合致しません。

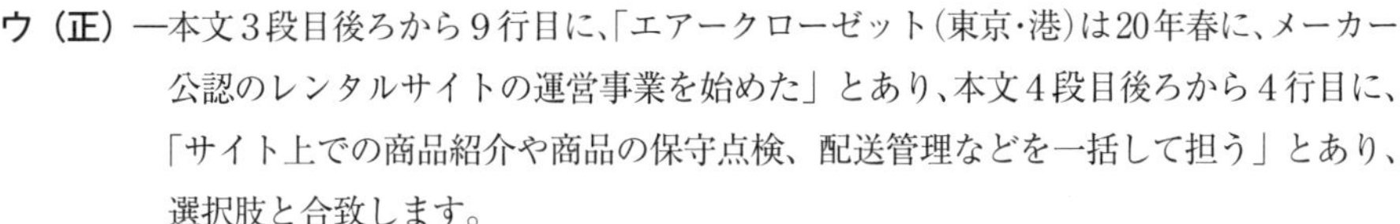

ウ（正）―本文３段目後ろから９行目に、「エアークローゼット（東京・港）は20年春に、メーカー公認のレンタルサイトの運営事業を始めた」とあり、本文４段目後ろから４行目に、「サイト上での商品紹介や商品の保守点検、配送管理などを一括して担う」とあり、選択肢と合致します。

（4）ウ（第２編第５章第３節）

ア（誤）―「連携は２パターン」の図から、スタートアップは利用者に「レンタル」することが読み取れ、選択肢の「利用者に販売」は誤りです。

イ（誤）―「連携は２パターン」の図から、メーカーが「商品を預ける」パターンではスタートアップは商品を購入しないため、「在庫増加リスクがある」のは「販売」を受けるパターンです。

ウ（正）―本文６段目15行目に、「在庫を抱えるタイプのサブスク事業では、利用者の需要が縮小すれば在庫が業績の重荷となる。三菱UFJリサーチ＆コンサルティングの鶴田陽平プリンシパルは『業績悪化のリスクがあるため、需要に見合った商品を丁寧に選択することが必要だ』」とあり、選択肢と合致します。

（5）イ（第２編第５章第３節）

ア（誤）―本文５段目後ろから13行目に、「約200脚を発送した。うち６割が個人向けといい、イトーキのワークスタイルデザイン統括部の岡田直之統括部長は『個人の需要の高さに驚いた。家庭にもなじむような商品開発も検討したい』」とあり、選択肢の「約200脚を法人向けに発送」と合致しません。

イ（正）―本文５段目後ろから２行目に、「クラスは９月に第三者割当増資で21億円を調達、人材を拡充しながらメーカーとの連携を広げる方針だ」とあり、選択肢と合致します。

ウ（誤）―本文６段目５行目に、アンカー・ジャパンの記述があり、本文６段目11行目に、「『スタートアップの顧客基盤を活用して認知度を高めたい』」とあります。選択肢の「自社で持つ顧客基盤にスタートアップのノウハウを活用することを狙っている」と合致しません。

（1）ウ（第１編第２章第２節）

お客さまは、「このフロアクッションを４つ」「このまま車で持ち帰りたい」と希望しています。お客さまの希望に最も近い提案をすることが重要です。

ア（誤）―「持ち帰りできることを最優先にする」ことは適切です。しかし、お客さまが希望している商品ではないものを、よりよい対応を考えずに提案することは、不適切です。

イ（誤）―「本日は販売できないことを説明する」のは、自社の都合を伝えることになり、お客さまの希望を受けた提案ができていないため、不適切です。K通り店で４つすべて持ち帰られないことは事実ですが、選択肢ウの対応など、お客さまの希望に近い提案を行うことが大切です。

ウ（正）―お客さまが希望するフロアクッションが4つとも家に揃う方法としてもっとも速いと考えられ、可能な提案のなかでは最適な対応です。

（2）イ（第2編第4章第2節）

「発注システム（在庫表）」からアクセサリーケースRの通常在庫数は10であることがわかります。本文P.123の14行目に佐藤の指示が「セール初日の在庫は通常在庫の2倍を持つようにお願いします」とあるため、22日（金）に必要な在庫数は20です。

7月16日（土）の在庫数9と、17日（日）から21日（木）の入荷予定数（0 + 10 + 0 + 4 + 0 = 14）、17日（日）から21日（木）の販売予測数（5 + 3 + 3 + 2 + 1 = 14）から計算すると、21日（木）の在庫数は9 + 14 − 14 = 9になります。22日（金）の販売予測数が1のため、22日（金）に必要な入荷数は、20（当日在庫数）− 9（前日在庫数）+ 1（販売予測数）=12になります。

（3）ア（第1編第4章第1節）

本文P.125後ろから4行目にある大竹の「交換がセールに間に合えばよいのですが、間に合わないようであれば本日の発注分を1つ増やしたほうがよさそうです」から、交換が間に合えば追加の発注は不要だということがわかります。また、「返品依頼書を本社に送って、いつまでに交換が可能か確認してください」から、いつまでに交換が可能か確認する目的があることがわかります。発注を1つ増やすかどうかの判断を、本文P.123後ろから11行目にある発注の締め切り15時までにする必要があることを考慮します。

ア（正）―発注締め切りの時間を考慮して、交換がいつになるか問い合わせる内容になっているため、適切です。

イ（誤）―交換が間に合えば追加発注の必要がないため、不適切です。

ウ（誤）―いつまでに交換が可能か確認することが目的であり、これまでのクレームを確認する必要はないため、不適切です。

（4）イ（第1編第4章第3節）

ア（誤）―「お客さまに朝礼の内容を理解していなかった」などと伝えても言い訳になり、不適切です。また、佐藤に対応を依頼すると、佐藤の来客対応が終わるまで、内田が担当しているお客さまを待たせることにもなります。

イ（正）―急ぎの場合、接客中の佐藤やお客さまに一言お詫びをしてからメモを渡し指示を仰ぐ方法は、やむを得ない対応として適切です。緊急事態が発生したときは、すぐに対応すべきことがあればまず行い、そのあと、すみやかに上司に報告し、指示を仰ぎます。本文P.126後ろから3行目で「確認しますので少々お待ちください」とすぐに対応すべきことを行い、その後、佐藤の指示を仰いでいるため、適切です。

ウ（誤）―大竹の本社からの戻りも、佐藤の打ち合わせの終了も、いつになるかわかりません。そのような状況でお客さまを待たせることは避けるべきであり、不適切です。

（5）ウ（第1編第4章第1節）

ア（誤）―内田の担当は、接客・販売、発注業務です。サマーセールの準備中であっても、接客対応は必要な業務です。改善すべき対応ではありません。

イ（誤）―サマーセールに向けた商品の発注をすべて１人で対応することは、本文 P.123 の15 行目の佐藤の「大竹さんと内田さんの２人で確認しながら発注数を決めてください」の指示に反することになり、不適切です。

ウ（正）―内田は朝礼の店長の話を正確に覚えておらず、お客さまを待たせることになりました。大切な事項はメモをとる習慣をつけることでこの事態は避けられたため、改善すべき対応です。

問7

（1）ウ（第２編第４章第３節）

a（B 店）―＜資料１＞の売上高のグラフから、A店の 2019 年の売上高、2021 年の売上高はともに７億円です。B店の 2019 年の売上高は８億円、2021 年の売上高は 10 億円です。2021 年の売上高が 2019 年を上回っているのはB店です。

b（アウトドア用品）―＜資料１＞の売上構成比のグラフから、カテゴリーの売上構成比の推移がわかります。

・A店
球技用品：2019 年 20%、2021 年 10%→減少
アウトドア用品：2019 年 25%、2021 年 30%→増加
スポーツウエア：2019 年 20%、2021 年 25%→増加
スポーツシューズ：2019 年 35%、2021 年 35%→同

・B店
球技用品：2019 年 20%、2021 年 15%→減少
アウトドア用品：2019 年 20%、2021 年 40%→増加
スポーツウエア：2019 年 15%、2021 年 15%→同
スポーツシューズ：2019 年 45%、2021 年 30%→減少

以上から、2019 年と 2021 年を比較してA店、B店ともに売上構成比が増加したのは、アウトドア用品です。

c（球技用品）―選択肢ｂの解説から、2019 年と 2021 年を比較してA店、B店ともに売上構成比が減少したのは、球技用品です。

（2）イ（第２編第４章第３節）

ア（誤）―スポーツシューズの売上高の傾向は、以下のとおりです。

・A店
2020 年：売上高５億円×売上構成比 35% = 1.75 億円
2021 年：売上高７億円×売上構成比 35% = 2.45 億円

・B店
2020 年：売上高７億円×売上構成比 35% = 2.45 億円
2021 年：売上高 10 億円×売上構成比 30% = 3.0 億円

両店で増加しているため、不適切です。

イ（正）―スポーツウエアの売上高の傾向は、以下のとおりです。

・A店

2019年：売上高7億円×売上構成比20%＝1.4億円

2021年：売上高7億円×売上構成比25%＝1.75億円

・B店

2019年：売上高8億円×売上構成比15%＝1.2億円

2021年：売上高10億円×売上構成比15%＝1.5億円

両店で増加しているため、適切です。

ウ（誤）―球技用品の売上高の傾向は、以下のとおりです。

・A店

2020年：売上高5億円×売上構成比15%＝0.75億円

2021年：売上高7億円×売上構成比10%＝0.7億円

・B店

2020年：売上高7億円×売上構成比20%＝1.4億円

2021年：売上高10億円×売上構成比15%＝1.5億円

B店は増加しているため、不適切です。

（3）イ（第2編第4章第3節）

ア（誤）―球技用品の売り場面積は、以下のとおりです。

A店：総面積700㎡×売り場面積比20%＝140㎡

B店：総面積1,000㎡×売り場面積比20%＝200㎡

B店の球技用品の売り場面積は200㎡のため、不適切です。

イ（正）―アウトドア用品の売り場面積は、以下のとおりです。

A店：総面積700㎡×売り場面積比35%＝245㎡

B店：総面積1,000㎡×売り場面積比30%＝300㎡

B店のアウトドア用品の売り場面積は300㎡であり、A店よりも広いため、適切です。

ウ（誤）―スポーツシューズ売り場とスポーツウエア売り場の合計面積の割合は、以下のとおりです。

A店：スポーツシューズ売り場面積比30%＋スポーツウエア売り場面積比15%＝45%

B店：スポーツシューズ売り場面積比30%＋スポーツウエア売り場面積比20%＝50%

A店のスポーツシューズ売り場とスポーツウエア売り場の合計面積の割合は45%のため、不適切です。

（4）イ（第2編第4章第3節）

ア（誤）―2019年の売り場面積1㎡あたりの売上高は、以下のとおりです。

A店：売上高7億円÷総面積700㎡＝100万円

B店：売上高8億円÷総面積1,000㎡＝80万円

Ａ店のほうが大きいため、不適切です。

イ（正）―2021年の売り場面積１㎡あたりの売上高は、以下のとおりです。

Ａ店：売上高７億円÷総面積700㎡＝100万円

Ｂ店：売上高10億円÷総面積1,000㎡＝100万円

Ａ店とＢ店は等しいため、適切です。

ウ（誤）―2021年のＢ店の売り場面積１㎡あたりの売上高は、以下のとおりです。

球技用品：（売上高10億円×売上構成比15％）÷（総面積1,000㎡×売り場構成比20％）＝1.5億円÷200㎡＝75万円

アウトドア用品：（売上高10億円×売上構成比40％）÷（総面積1,000㎡×売り場構成比30％）＝4.0億円÷300㎡≒133.3万円

スポーツウエア：（売上高10億円×売上構成比15％）÷（総面積1,000㎡×売り場構成比20％）＝1.5億円÷200㎡＝75万円

スポーツシューズ：（売上高10億円×売上構成比30％）÷（総面積1,000㎡×売り場構成比30％）＝3.0億円÷300㎡＝100万円

2021年のＢ店の売り場面積１㎡あたりの売上高が最も大きいのは、アウトドア用品のため、不適切です。

（５）ア（第２編第４章第３節）

ａ（誤）―アウトドア用品の売上高は、以下のとおりです。

・Ａ店

2019年：売上高７億円×売上構成比25％＝1.75億円

2021年：売上高７億円×売上構成比30％＝2.1億円

・Ｂ店

2019年：売上高８億円×売上構成比20％＝1.6億円

2021年：売上高10億円×売上構成比40％＝4.0億円

Ｂ店は4.0億÷1.6億＝2.5と２倍以上増加していますが、Ａ店は2.1億÷1.75億＝1.2と２倍以上には増加していません。「アウトドア用品の売り場の大幅な拡大を検討する」のは不適切です。

ｂ（正）―Ａ店の売上高は、以下のとおりです。

・球技用品

2019年：売上高７億円×売上構成比20％＝1.4億円

2021年：売上高７億円×売上構成比10％＝0.7億円

・アウトドア用品

2019年：売上高７億円×売上構成比25％＝1.75億円

2021年：売上高７億円×売上構成比30％＝2.1億円

・スポーツウエア

2019年：売上高７億円×売上構成比20％＝1.4億円

2021年：売上高７億円×売上構成比25％＝1.75億円

・スポーツシューズ

2019年：売上高７億円×売上構成比35％＝2.45億円

2021年：売上高7億円×売上構成比35%＝2.45億円

2021年は球技用品の売上高のみが2019年に対して減少しているため、「球技用品の売り場縮小を検討する」のは適切です。

c（誤）―B店の売上高は、以下のとおりです。

・球技用品

2019年：売上高8億円×売上構成比20%＝1.6億円

2021年：売上高10億円×売上構成比15%＝1.5億円

・アウトドア用品

2019年：売上高8億円×売上構成比20%＝1.6億円

2021年：売上高10億円×売上構成比40%＝4.0億円

・スポーツウエア

2019年：売上高8億円×売上構成比15%＝1.2億円

2021年：売上高10億円×売上構成比15%＝1.5億円

・スポーツシューズ

2019年：売上高8億円×売上構成比45%＝3.6億円

2021年：売上高10億円×売上構成比30%＝3.0億円

2019年に比べ2021年は、球技用品とスポーツシューズの売上高が減少しています。選択肢の「売上構成比が減少しているスポーツシューズと球技用品の売り場の縮小を検討する」ことは適切ですが、「2021年の売上高のうち2019年より減少したカテゴリーはない」が合致しないため、不適切です。

令和４年度後期 ビジネス能力検定ジョブパス３級の 結果概要

●分野別の配点と平均点

分野別分類	分類名	問数	配点	平均点
A	ビジネス常識	9	28	21.8
B	時事・社会	10	30	23.2
C	組織・業務基本	8	20	15.0
D	コミュニケーション手法	8	22	17.5
	合計	35	100	77.5

●分野別出題率　●分野別平均点

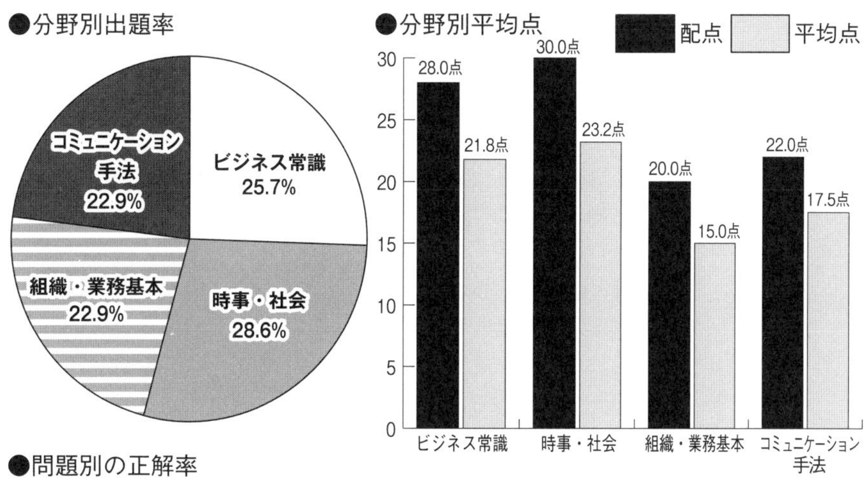

●問題別の正解率

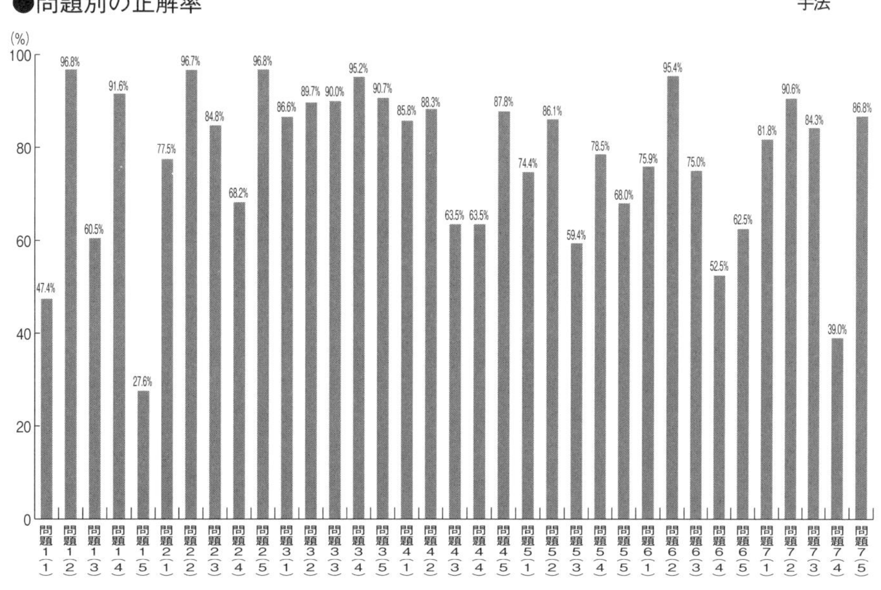

❷ 令和４年度後期試験問題

（1）イ（第2編第6章第1節）

ア（誤）―デフレーションとは、物価が持続的に下落する現象のことです。デフレーションが発生すると、製品価格が下がるため、企業の利益が減り、従業員の賃金が低下することで、モノやサービスが売れなくなり、景気が低迷します。また、さらに製品価格が下がる悪循環に陥ることをデフレスパイラルといいます。

イ（正）―インフレーションとは、物価が持続的に上昇する現象のことです。インフレーションが発生すると、製品価格が上がるため、企業の利益が増え、従業員の賃金が上昇することで、モノやサービスが売れるようになり、好景気が期待されます。

ウ（誤）―貿易摩擦とは、貿易相手国との輸出入の不均衡により発生する経済的な紛争のことです。たとえば、1970年代の自動車の輸出入の不均衡による日米自動車貿易摩擦、近年の関税を巡る貿易の対立から始まった米中貿易摩擦などがあります。

（2）ア（ビジネス用語の基本）

ア（正）―地球温暖化とは、地球表面の大気や海洋の温度が平均的に上昇していく現象のことです。地球温暖化により、氷河が溶けることによる海水面上昇や、気候変動による災害の増加が起き、地球規模の問題となっています。

イ（誤）―温室効果ガスとは、二酸化炭素、メタンなどの地球温暖化の原因となる気体のことです。量が増加すると地球温暖化を招くため、国際協定により各国での削減が求められています。

ウ（誤）―特別警報とは、気象庁が発表する防災情報の1つです。「警報」の発表基準をはるかに超える重大な災害が起こる恐れがある場合に発表されるもので、2013年8月に運用が始まりました。

（3）ウ（ビジネス用語の基本）

ア（誤）―高齢化社会とは、国や地域の人口に占める65歳以上の高齢者の比率（高齢化率）が7%を超え14%以下の社会のことです。高齢化率が14%を超えた社会を高齢社会、21%を超えた社会を超高齢社会といいます。日本の高齢化率は約29.1%（2022年9月15日現在）で世界1位です。

イ（誤）―バリアフリーとは、高齢者や障がい者などのために、障害物（バリア）を取り除き生活しやすくすることです。もともとは建築用語でしたが、建築に限らず、社会的、制度的、心理的なバリアを取り除くという、より広い意味で用いられています。具体的には、車椅子が通りやすいように段差をなくしたり、歩行困難な人が階段を上りやすいように手すりを付けたりすることなどがあります。

ウ（正）―ノーマライゼーションとは、高齢者や障がい者などに特別な配慮をするのではなく、一般の人と区別なく社会生活を送れるようにしようという考え方です。ノーマライゼーションの考え方は、1950年代にデンマークで生まれ、世界的な広がりを見せています。

（4）ア（ビジネス用語の基本）

ア（正）―5Gとは、第5世代移動通信システムのことです。特徴としては、高速大容量、多数同時接続、高信頼・低遅延通信があげられます。携帯端末への動画配信や、IoTの普及拡大に必要とされています。日本では2020年3月から商用サービスがスタートしました。

イ（誤）―Wi-Fi（Wireless Fidelity）とは、IEEE（Institute of Electrical and Electronics Engineers）という国際的な技術標準化機関が定めたIEEE 802.11規格に準拠した無線LANのことです。現在、ほとんどの無線LANは、Wi-Fiです。たとえば、スマートフォンの無線LAN接続や駅などで使用できる公衆無線LANサービスに使用されています。

ウ（誤）―eスポーツとは、コンピュータゲームを使った対戦をスポーツ競技としてとらえる際の呼び方です。2023年に開催された第19回アジア競技大会（中国・杭州）では、8つの正式競技タイトルと2つのデモンストレーション競技が行われました。

（5）イ（ビジネス用語の基本）

ア（誤）―POSとは、販売時点情報管理のことです。集められたデータから販売数量と販売日時がわかるため、仕入数量と突き合わせて在庫管理に利用したり、売れ筋商品を把握して販売戦略に活用したりすることができます。

イ（正）―O2Oとは、インターネット（Online）で集客して、実際の店舗（Offline）に顧客を誘導するマーケティング手法です。たとえば、スマートフォンのアプリケーションでクーポンを配信したり、SNSに新製品情報を流したりして来店を促進します。

ウ（誤）―非対面ビジネスとは、顧客と対面することなく販売やサービスを提供するビジネス形態のことです。新型コロナウイルス感染症の拡大防止策として、国や自治体が非対面ビジネスの導入を支援したことなどで、急速に広がりました。たとえば、ネット販売、飲食店のデリバリーサービス、Webセミナーなどがあります。

（1）ア（第1編第2章第3節、第4節）

a（正）―品質意識とは、お客さまとの約束どおりの品質を維持し、さらに品質を高めようとする意識です。そのためには、求められている品質を理解し、丁寧に仕事を進める必要があります。

b（誤）―納期意識とは、お客さまや部門間と約束した納期を守る意識です。納期を守るだけではなく、仕事の質を保つことが前提になります。品質が不十分であれば納品ができず、納期が遅れることになります。

c（誤）―協調意識とは、組織の一員としてまわりの人と協調して仕事に取り組む意識です。

職場では、1つの目的を実現するために全員の力を合わせることが必要です。自由に意見を述べ合え、同僚のやり方に悪いところがあれば率直に指摘できる雰囲気をつくることで、組織の力を引き出せます。

（2）イ（第1編第3章第1節）

ア（誤）—職場では、年齢、立場、価値観が違う人と仕事を進めていくことになり、仕事を円滑にするためのコミュニケーションが求められます。気が合わない人であっても、お互いを尊重した仕事のうえでの役割が職場の人間関係の基本になります。

イ（正）—テレワークでは、お互いの様子が見えず、コミュニケーションが途絶えがちになります。職場で指定されたグループウエアなどのコミュニケーションツールを使用して、お互いの状況や情報を共有することで、円滑にコミュニケーションをとることが大切です。

ウ（誤）—仕事を離れたところでの人間関係も、職場に影響を及ぼすため、職場外の人間関係をおろそかにしてはいけません。仕事を離れたところであっても上司や先輩との上下関係は意識して接することが必要です。

（3）ウ（第1編第4章第3節）

a（正）—自分の考えがまとまっていない状況で、先輩や上司に相談することは、相談のポイントがあいまいになり非効率になるだけでなく、お互いに時間をムダに使うことになります。事前に自分なりの考えをまとめてから相談することは適切です。

b（誤）—相談する際は、まず、上司や先輩の都合を聞いてから相談します。あらかじめ調整して相談の時間を決めておくと、上司や先輩も時間を取りやすくなります。

c（誤）—仕事を効率的に進めることは重要ですが、自分なりに考えて解決していくことも大切です。相談では解決策を求めるのではなく、ヒントをもらうつもりで相談します。

（4）ア（第2編第1章第2節）

定型業務とは、あらかじめ仕事の手順や形式などが決められていて、スケジュールに従って定型的に繰り返される業務です。非定型業務とは、前例のない業務、または、前例はあっても場面に応じて個別の判断が必要になる業務です。

ア（正）—営業活動日報の作成は、仕事の手順と形式があらかじめ決められており、スケジュールに従って繰り返される業務のため、定型業務です。

イ（誤）—請求書の作成は、取引先や請求額は異なりますが、仕事の手順と形式があらかじめ決められており、スケジュールに従って繰り返される業務のため、定型業務です。

ウ（誤）—お客さまから寄せられた要望に応える商品の企画・開発は、商品ごとに個別の判断が必要になるため、非定型業務です。

（5）イ（第2編第1章第5節）

ア（誤）—アクセス先が信頼のおけるホームページであるかないかに関わらず、コンピュータウイルス対策は常に必要です。信頼のおけるホームページに見せかけた悪意あるホームページや、ハッカーに攻撃され悪意がある仕掛けがされているホームページの可能性もあります。

イ（正）―パソコンやネットワーク上のサービスにログインするためのIDとパスワードは、他人に知られると、ログインされ不正な操作や情報漏洩（ろうえい）につながります。これを防ぐために、パスワードを情報システム部門の指示に従って適切に管理することなどが必要です。

ウ（誤）―会社の資料のファイルを個人のパソコンに複製・送信すると、情報漏洩につながりますので、不適切です。また、会社のパソコンであっても外部に持ち出す場合は、紛失や盗難により情報漏洩につながることがあるため、社内ルールに従って適切に管理します。

（1）ウ（ビジネス用語の基本））

ア（誤）―インバウンド消費のことです。インバウンド消費は、新型コロナウイルス感染症による入国制限により大幅に減少しましたが、2022年6月の観光目的の外国人受入れ再開や水際対策の緩和などにより回復傾向にあります。

イ（誤）―エッセンシャルワーカーのことです。エッセンシャルワーカーには、医療従事者、生活必需品の提供（生産、物流、販売）に関わる従事者、インフラ（電気、ガス、水道、通信）に関わる従事者などが含まれます。

ウ（正）―クールジャパン戦略のことです。海外でかっこいい（クール）と捉えられている商品、サービス、文化などの日本の魅力のことをクールジャパンといいます。代表的なものに、アニメや漫画があります。内閣府の知的財産戦略推進事務局を中心に、クールジャパンの強みを産業化し国際展開するため、クールジャパン戦略を推進しています。

（2）ア（ビジネス用語の基本）

ア（正）―カスタマーハラスメントのことです。従業員の心身を傷つけ、離職にもつながるため、対応マニュアルの作成や研修、相談窓口の設置など、対策を行う企業が増えています。

イ（誤）―パワーハラスメントのことです。職場のメンタルヘルスに深刻な影響を与え、社会問題となっています。なお、客観的に見て業務上必要かつ適切な範囲で行われる業務指示や指導であれば、パワーハラスメントには該当しません。

ウ（誤）―メンタルヘルスのことです。精神的健康、つまり、心の健康を意味します。まず、自分自身の心の健康を損なわないための予防、そして、損なわれそうになった心の健康の改善、すでに不調を来してしまった人への周囲のサポートや治療などを主な内容とした「心の健康管理」の意味合いでも用いられます。

（3）イ（ビジネス用語の基本）

ア（誤）―WTOのことです。1995年1月に設立され、本部はスイスのジュネーブにあり、2022年6月現在、164ヵ国・地域が加盟しています。WTOの最高意思決定機関である閣僚会議は、通常２年に１度開催されますが、新型コロナウイルス感染症の影響で延期され、2022年に４年半ぶりに開催されました。

イ（正）―ユネスコのことです。本部はフランスのパリにあり、加盟国は2022年８月現在、193カ国です。世界遺産を登録する機関でもあります。活動費は加盟国が負担しており、日本の2022年の負担率は約10％です。

ウ（誤）―EU（欧州連合）のことです。欧州連合条約（マーストリヒト条約）に基づき創設されました。2020年に英国が脱退し、加盟国は27ヵ国となりました。2022年２月にウクライナが加盟申請し、６月に加盟候補国となりました。３月にジョージアとモルドバも加盟を申請しており、旧ソ連の元構成国からEU加盟に向けた動きが続きました。

（4）ウ（ビジネス用語の基本）

ア（誤）―著作権侵害のことです。著作権の対象となる著作物とは、思想または感情を創作的に表現したもので、文芸、学術、美術、音楽などです。他人が創作した音楽、写真やイラスト、動画などを許可なくインターネットに投稿したり、自分のホームページに掲載したりすることは著作権侵害となります。

イ（誤）―ネットの誹謗中傷のことです。SNSは匿名で投稿できるため他人を誹謗中傷しやすく、また、他人の発言を容易に拡散できるため、被害者が出るなど社会問題となっています。

ウ（正）―サイバー攻撃のことです。代表的な手口が標的型攻撃メールです。最近では、標的型攻撃メールを使用したマルウェアEmotetの被害が広がっています。メール件名・文面が巧妙に作られ、また、ウイルス対策ソフトに検知されない場合もあります。ICT（情報通信技術）の普及に伴いネットワークを利用する機会が増えており、セキュリティ対策の重要性が増しています。

（5）イ（第２編第６章第２節、ビジネス用語の基本）

ア（誤）―ダイナミック・プライシングのことです。たとえば、繁忙期の宿泊料の値上げや、閉店前のスーパーの値引きなどで、利益を最大化できるメリットがあります。最近では、ネット販売の普及により、直近の需要と供給に合わせて、日ごと・時間帯ごとでも積極的に価格を変更することが可能になりました。

イ（正）―シェアビジネスのことです。インターネットやスマートフォンの普及により、借りたい人が貸したい人を即座に探し出せるようになったことで、ビジネスとして成立するようになり、拡大を続けています。モノや空間のシェアビジネスのほか、移動手段やスキルのシェアビジネスなどがあります。

ウ（誤）―サブスクリプションのことです。定期購読・継続購入を意味し、商品やサービスを所有・購入するのではなく、一定期間利用できる権利に対して料金を支払うものです。この考え方は従来からもあり、新聞の定期購読もサブスクリプションです。消費者に限らず事業者にもアプリケーションのサブスクリプションが普及しています。

（1）ア（第１編第６章第２節）

①（自分）―①の助手席は最も下座になるため、「自分」の席です。

②（上司）―②の助手席の後ろは、③に次ぐ上座になるため、「上司」の席です。もし、先輩も同乗する場合は、先輩は②と③の間の席に座ります。

③（お客さま）―③の運転席の後ろは最も上座になるため、「お客さま」の席です。

（2）ウ（第１編第６章第５節）

ウ（⑤→④→①→③→②）―M社の情報をまとめて上司と価格改定の件で打ち合わせをし(⑤)、資料を作成し上司の承認を得て（④)、訪問の準備を整えます。訪問準備が整ったら取引先に電話で訪問の希望を伝えて（①)、訪問日時を確定させます。訪問当日は忘れ物がないか確認し、時間に余裕をもって訪問に出かけます（③)。訪問後は商談の内容や結果を上司に報告します（②)。

（3）イ（第２編第１章第３節）

PDCAサイクルとは、Plan（計画を立てる)、Do（実施する)、Check（検討・評価する)、Action（改善する）をサイクルとして回す考え方です。

a（PLAN）―販売目標達成に向けて、「旅行やハイキングを意識したキャンペーン」を行う計画を立てています。

b（ACTION）―検討・評価を受けて「天候に恵まれた日がこれから続くとの予報であったため」「アウトドアでも楽しめる商品の販売を強化」と改善しています。

c（DO）―計画に沿って「お弁当やおにぎり、サンドイッチなどの種類、数量を確保して販売」を実施しています。

d（CHECK）―実施の結果「お弁当などの商品は、品切れになる日もあれば余る日もあった」ことについて「販売数に日々のばらつきがあるのは天候に左右される」という検討・評価をしています。

（4）ウ（第２編第４章第３節）

ア（誤）―各店舗の売上など、同一時点での数値の差を比較する場合は、棒グラフが適しています。折れ線グラフは、時系列の数値の変化などを見る場合などに適しています。

イ（誤）―生徒数の推移など、時系列の数値の変化を見る場合は、折れ線グラフが適しています。レーダーチャートは、いくつかの項目の数値の違いを同一時点（観点）で比較する場合に適しています。

ウ（正）―円グラフは構成比の内訳を示すのに適しています。したがって、車種別販売台数の割合を円グラフで作成することは適切です。

（5）ア（第２編第２章第３節、第４節）

a（社員各位）―あて先を表示する部分です。「２．対象者」は全社員であり、「御中」は組織や団体への敬意を表すことばのため、「社員御中」という使い方は不適切です。「各位」は「皆様」という意味で、「皆様」よりも改まったことばです。

b（受講方法）—「3.」は「動画URL」だけでなく、視聴方法についても書かれているため、「受講方法」が適切です。

c（以上）—「敬具」は結語と呼ばれ、頭語である「拝啓」とともに、本文中で使われます。「拝啓」「敬具」は社外文書で使用し、社内文書では使用しません。社外文書・社内文書ともに文章の終わりには「以上」が使われます。

（1）ア（第2編第5章第3節）

ア（正）—本文1段目後ろから13行目に「単身や共働き世帯が増え、コメの買い方が変化している。自社で炊き上げる『たこめし』など1人用のカップ飯は平日に1日100個以上売れる。卸の目利き力をいかし、玄米はコーヒー豆専門店のように味の特徴をチャートで表示。30代の夫婦は『少量から精米してくれるので、食べ比べも楽しい』と笑う」とあり、選択肢と合致します。

イ（誤）—リード文8行目に「輸入食材が高騰し、パンやパスタなど様々な食品が値上がりしている。今、コメを見直す機運が広がっている」とあり、選択肢の「パンやパスタなど食品の値段が下がっている中でも」と合致しません。

ウ（誤）—リード文1行目に「日本人のコメ消費が減る中、新たな技術と発想でコメビジネスが進化している」とあり、選択肢の「古くからある技術を生かして」と合致しません。

（2）ウ（第2編第5章第3節）

a（誤）—グラフから、2020年度の1人1年あたりのコメ消費量は1970年度と比較して半減したことが読み取れます。また、本文2段目15行目に「年間1人当たりのコメ消費量は、20年度に50.7キログラムと半世紀で半減した。食の多様化などが指摘され、主食としての地位が揺らいでいる」とあり、選択肢の「コメの主食としての地位は揺るぎないものとなっている」と合致しません。

b（正）—本文2段目18行目に「食の多様化などが指摘され、主食としての地位が揺らいでいる」、本文2段目後ろから9行目に「新型コロナウイルス禍でさらに在庫がだぶつき相場は下落。経営を維持できるかギリギリの農家も多い」とあり、選択肢と合致します。

c（正）—本文2段目3行目に「『チャーハンに合うお米』、冷めても硬くなりにくく『おにぎりに合うお米』、すしや焼き肉など料理ごとのブレンド米も開発した」とあり、選択肢と合致します。

（3）イ（第2編第5章第3節）

ア（誤）—本文3段目3行目に「スカイピアクリエイションズ（東京・渋谷）は21年9月、原材料の99%が玄米の麺『99麺（ククメン）』（5食1799円）を発売した。『体形を気にする人も罪悪感なくコメを食べてもらいたい』（同社）との思いで、秋田県の製麺会社と開発した」とあり､選択肢の「自社独自で開発した」と合致しません。

イ（正）―本文３段目７行目に「99 麺（ククメン）」についての記述があり、本文３段目 15 行目に「ほぼ玄米のため、食物繊維やビタミン、ミネラルなどの栄養素を豊富に含む。飲食店の採用も進んでいる。キュラティヴキッチン（東京・渋谷）は担々麺やサラダ風で提供する」とあり、選択肢と合致します。

ウ（誤）―本文３段目後ろから４行目に「北陸米 BEER」についての記述があり、本文３段目後ろから１行目に「ファミリーマートで限定発売された。石川、富山、福井県のブランド米を３割以上配合した。『刺し身に合う』（金沢市の魚料理店）」とあり、選択肢の「肉料理に合う」と合致しません。

（4）イ（第２編第５章第３節）

ア（誤）―本文４段目 11 行目に「アレルギーが少ないのもコメの特徴だ」とあり、選択肢と合致しません。

イ（正）―本文４段目 12 行目に「酒造大手の福光屋（金沢市）はコメを独自技術で発酵させた『ライスミルク』を販売する」とあり、選択肢と合致します。

ウ（誤）―本文4段目21行目に｢小麦粉の価格が高騰する中､米粉を使う菓子が増えているほか｣とあり、選択肢と合致しません。

（5）ウ（第２編第５章第３節）

ア（誤）―本文４段目後ろから１行目に「バイオマスプラスチックを作っている。非食用米や古米のほか、酒蔵や菓子工場で捨てられるコメの破片を集め、独自技術で石油系プラスチックの代替となる新素材にアップサイクルしている」とあり、選択肢の「栽培地で捨てられるコメの破片を集め」と合致しません。

イ（誤）―本文６段目 11 行目に「コメの消費減少や高齢化による担い手不足などで、耕作放棄された水田が増えている。水田は食糧安全保障のほかに、農村の景観維持や自然災害防止など多面的機能がある」とあり、選択肢と合致します。本文６段目後ろから８行目に「バイオマスレジンが原料に使う非食用米は、食用米と比べ栽培が簡単という。神谷社長は『耕作放棄地を再生し、日本の農業に貢献したい』と話している」とあり､用途は切り替えずに活用するとことが読み取れます。しかし、選択肢の「水田を他の用途に切り替え、それらの機能を代替させることが求められている」ことは読み取れません。

ウ（正）―本文４段目後ろから１行目に「バイオマスプラスチック」についての記述があり、本文５段目後ろから４行目に「すでに郵便局のレジ袋や自治体指定のゴミ袋などに使われている。歯ブラシや食器、ストロー、おしぼり袋、玩具など応用が広がっており」とあり、選択肢と合致します。

（1）ウ（第１編第４章第３節）

本文 P.143 の９行目に「今田から、レイアウト変更のスケジュールと見積もりについて、急ぎでいくつか確認したい点があるとのメールが入っていた」とあり、緊急対応が必要です。

ア（誤）—緊急対応として、今田に「メールを確認したこと」と「上司の田辺が戻り次第確認し、午後あらためて回答する」ことを伝えているため、すぐに行うべきことに対応できています。したがって、選択肢は不適切ではありません。また、すぐに返信することで、必要があれば今田は次の行動をとることができます。

イ（誤）—緊急対応では、すぐに行うべきことの対応に加え、必要に応じて速やかに上司に報告し、指示を仰ぎます。すぐに対応すべきこととして、今田に「いつまでに回答する必要があるかを聞いて」おり、速やかに上司に報告しているため、選択肢は不適切ではありません。

ウ（正）—今田の緊急対応すべき問合せに対して何も行動しておらず、すぐに対応すべきことができていません。したがって、選択肢は不適切です。なお、Eメールは、送信先の相手が読んだかわかりません。緊急対応の必要がない場合でも、Eメールを確認した時点で返信するようにします。

（2）イ（第1編第4章第1節、第3節）

松野は、営業部への依頼に明確な期限を設けていない、今田のメールの問い合わせに気を取られ営業部への確認と催促をしていないなどミスが重なり、期限内に資料が作成できませんでした。予定どおりに仕事が終わらない場合は、原因や状況を報告し、上司に指示を仰ぎます。

ア（誤）—営業部の状況を確認しないまま、現状を報告しています。上司に指示も仰いでいないため、不適切です。

イ（正）—営業部の担当者に状況を確認して、上司に報告し、指示を仰いでいるため、適切です。

ウ（誤）—仕事は、上司の指示によって業務を進め、上司への報告で終えるのが基本です。また、仕事には責任がともないます。自らの職務をしっかり果たさなくてはなりません。自分で何も対応せず業務を終えないまま、上司に対応を依頼することは無責任であり、不適切です。

（3）ウ（第2編第2章第4節）

見積書は、取引金額の確認に使用する文書です。見積書には、金額、納期、支払条件などが記載されます。見積もり依頼時には、見積金額に関係する項目を伝える必要があります。

a（必要）—新規購入する品番とその数量は、見積金額に影響するため伝える必要があります。

b（不要）—見積書の有効期限は見積る側が決めることであるため、伝える必要はありません。なお、有効期限を過ぎると見積書の再発行が必要になる場合があるため、発注時期が遅れそうな場合は速やかに伝えましょう。

c（必要）—スケジュールどおりに進め、社内の最終許可を取る時期が遅れないようにするために、見積書の提出希望日は伝える必要があります。

d（必要）—机や椅子の購入、引き取りの希望日を伝えないと、時期によって購入金額や引き取り金額が変動することがあり、見積書を作成できなくなります。

e（不要）—オフィス・チェンジへ依頼する仕事は、机や椅子の購入と引き取りをもって終了します。レイアウト変更の完了予定日が関係するのはエクセレント飲料側のみであり、見積書に影響しないため、伝える必要はありません。

f（必要）—引き取りを依頼する品番と数量は、見積金額に影響し、伝える必要があります。

g（不要）—見積もりから納品までの所要日数は、見積書に影響しないため、伝える必要はありません。なお、エクセレント飲料側の都合で相談した結果、発注から納品までの期間が短くなる場合は、納期短縮のために残業代や仕入先への支払いが増えるなど、見積金額に影響する場合があります。

（4）イ（第２編第２章第３節）

業務日報は、上司やチームメンバーなどの関係者に日々の業務内容を報告するものです。社内文書である業務日報は、５Ｗ２Ｈをふまえ「正確」「簡潔」「明瞭」に書きます。

a（松野果奈）—「記入者」の欄には記入者である「松野果奈」を記述します。「田辺課長」は報告する相手です。

b（オフィス用品見積書）—「１．件名」には、報告する内容を簡潔に示す「営業部『オフィス用品見積書』の件」が適切です。「オフィス用品提案書」は内容に合いません。

c（田辺課長への見積書の再提出）—指示を受けた内容について重要な項目は記述するようにします。本来は、松野の独断でオフィス・チェンジからの見積提出の延期を受け入れたために「明日までに見積書を受け取り金額や内容について確認」することができなくなった経緯も記述するべきでした。「営業部への口頭での報告」「営業部への見積書の再提出」は内容に合いません。

（5）ア（第１編第４章第１節、第２編第１章第１節）

ア（正）—仕事は、上司の指示によって進めます。仕事には期限が決められているため、間に合うように進めます。仕事では社外の人と上手に付き合う必要がありますが、仕事の期日の変更に積極的に対応すると、仕事の期限に間に合わなくなり、混乱を招くため、慎重な対応が必要です。したがって、選択肢は不適切です。

イ（誤）—上司から指示された仕事は、期限に間に合うように計画的に進めます。そのためには、スケジュールに影響する他部門への依頼は期限をしっかり伝え、仕事全体のスケジュール管理をする必要があります。したがって、選択肢は適切です。

ウ（誤）—仕事の内容ややり方に関してわからない場合は、上司や先輩に相談することが基本です。勝手に判断して行動すると、思わぬ失敗につながることがあります。したがって、選択肢は適切です。

問7

（1）ウ（第２編第４章第３節）

ア（誤）—2018年から2021年まで売上高と会員数がともに増加していることがわかります。2021年とその前年の会員の増加人数については次のとおりです。

・2021年：2021年の会員数20,000人－2020年の会員数16,000人＝4,000人

・2020年：2020年の会員数16,000人－2019年の会員数13,000人＝3,000人

会員の増加人数は、2021年のほうが2020年に比べ多くなっているため、選択肢の「2021年の会員の増加人数は、前年と比較して鈍化している」と合致しません。

イ（誤）―カテゴリーごとの2018年から2021年にかけての売上高の推移は次のとおりです。

・海産物：2018年2,500万円、2019年3,800万円、2020年4,000万円、2021年5,200万円　→一貫して増加

・牛肉：2018年2,500万円、2019年2,800万円、2020年3,300万円、2021年4,300万円　→一貫して増加

・フルーツ：2018年1,000万円、2019年1,500万円、2020年2,200万円、2021年4,000万円　→一貫して増加

・スイーツ：2018年500万円、2019年1,000万円、2020年3,000万円、2021年4,500万円　→一貫して増加

・飲料：2018年2,500万円、2019年2,900万円、2020年2,000万円、2021年2,000万円　→増加後、減少、横ばい

飲料は、増加後減少に転じ、横ばいとなっており、選択肢と合致しません。

ウ（正）―2018年と2021年の会員一人あたりの平均購入金額は次のとおりです。

・2018年：売上高9,000万円（海産物2,500万円＋牛肉2,500万円＋フルーツ1,000万円＋スイーツ500万円＋飲料2,500万円）÷会員数10,000人＝9,000円／人

・2021年：売上高20,000万円（海産物5,200万円＋牛肉4,300万円＋フルーツ4,000万円＋スイーツ4,500万円＋飲料2,000万円）÷会員数20,000人＝10,000円／人

会員一人あたりの平均購入金額は、2018年より2021年のほうが高くなっており、選択肢と合致します。

（2）イ（第2編第4章第3節）

a（3,000万円）―2018年と2019年の売上高は次のとおりです。

・2018年：（1）ウの解説より9,000万円

・2019年：海産物3,800万円＋牛肉2,800万円＋フルーツ1,500万円＋スイーツ1,000万円＋飲料2,900万円＝12,000万円

以上から、2019年の売上高は2018年より3,000万円（2019年売上高12,000万円－2018年売上高9,000万円）増加しています。

b（スイーツ）―カテゴリーごとの2019年からの2020年の売上高の増加金額は次のとおりです。

・海産物：2020年4,000万円－2019年3,800万円＝200万円

・牛肉：2020年3,300万円－2019年2,800万円＝500万円

・フルーツ：2020年2,200万円－2019年1,500万円＝700万円

・スイーツ：2020年3,000万円－2019年1,000万円＝2,000万円

・飲料：2020年2,000万円－2019年2,900万円＝－900万円

以上から、2019年から2020年の推移で売上高が最も増加したのは、スイーツです。

c（海産物）―カテゴリーごとの2020年から2021年の売上高の増加金額は次のとおりです。

・海産物：2021年5,200万円－2020年4,000万円＝1,200万円　→３番目
・牛肉：2021年4,300万円－2020年3,300万円＝1,000万円　→４番目
・フルーツ：2021年4,000万円－2020年2,200万円＝1,800万円　→１番目
・スイーツ：2021年4,500万円－2020年3,000万円＝1,500万円　→２番目
・飲料：2021年2,000万円－2020年2,000万円＝０円　→５番目

以上から、2020年から2021年の推移で売上高の増加が３番目に大きかったのは、海産物です。

（3）ア（第２編第４章第３節）

a（誤）―カテゴリーごとの2018年から2021年の満足度の変化は次のとおりです。

・海産物　男性：低下（4.5→4.0）、女性：向上（4.5→5.0弱）
・牛肉　男性：低下（4.5→4.0）、女性：同（4.0→4.0）
・フルーツ　男性：向上（2.0→4.0弱）、女性：向上（3.0→4.0強）
・スイーツ　男性：向上（3.0→5.0弱）、女性：向上（2.0→4.0）
・飲料　男性：低下（3.0→2.0）、女性：同（2.0→2.0）

以上から、満足度の変化はすべて高まっているのではなく、設問文と合致しません。

b（正）―カテゴリーごとの男女の満足度は次のとおりです。

・海産物　2018年：男女同じ（男性4.5、女性4.5）、2021年：女性のほうが高い（男性4.0、女性5.0弱）
・牛肉　2018年：男性のほうが高い（男性4.5、女性4.0）、2021年：男女同じ（男性4.0、女性4.0）
・フルーツ　2018年：女性のほうが高い（男性2.0、女性3.0）、2021年：女性のほうが高い（男性4.0弱、女性4.0強）
・スイーツ　2018年：男性のほうが高い（男性3.0、女性2.0）、2021年：男性のほうが高い（男性5.0弱、女性4.0）
・飲料　2018年：男性のほうが高い（男性3.0、女性2.0）、2021年：男女同じ（男性2.0、女性2.0）

以上から、2018年と2021年ともに、男性の満足度が女性よりも高くなっているのはスイーツのため、設問文と合致します。

c（誤）―牛肉とフルーツの2018年から2021年の満足度の変化は次のとおりです。

・牛肉　男性：低下（4.5→4.0）、女性：同（4.0→4.0）
・フルーツ　男性：向上（2.0→4.0弱）、女性：向上（3.0→4.0強）

以上から、牛肉は男女ともに満足度が高まっているのではないため、設問文と合致しません。

（4）ア（第２編第４章第３節）

ア（正）―<資料２>から、カテゴリーを2018年の満足度の高い順に並べると次のとおりです。

・男性：海産物（4.5）・牛肉（4.5）、スイーツ（3.0）・飲料（3.0）、フルーツ（2.0）

・女性：海産物（4.5)、牛肉（4.0)、フルーツ（3.0)、スイーツ（2.0)・飲料（2.0)

また、2021年の海産物と牛肉の満足度は次のとおりです。

・海産物：男性4.0、女性5.0弱

・牛肉：男性4.0、女性4.0

以上から、2018年は男女とも海産物と牛肉の満足度が他のカテゴリーよりも高く、2021年においても「3：普通」を超える満足度となっており、選択肢は適切です。

イ（誤）―<資料2>から、フルーツの満足度の変化は次のとおりです。

・男性：向上（2018年2.0→2021年4.0弱)

・女性：向上（2018年3.0→2021年4.0強)

<資料1>から、カテゴリーごとの売上高の伸び率は次のとおりです。

・海産物：2021年5,200万円÷2018年2,500万円＝2.08倍　→3番目

・牛肉：2021年4,300万円÷2018年2,500万円＝1.72倍　→4番目

・フルーツ：2021年4,000万円÷2018年1,000万円＝4.0倍　→2番目

・スイーツ：2021年4,500万円÷2018年500万円＝9.0倍　→1番目

・飲料：2021年2,000万円÷2018年2,500万円＝0.8倍　→5番目

以上から、2018年から2021年にかけて、フルーツの満足度は男性、女性ともに向上しています。しかし、フルーツの売上高の伸び率の高さは全カテゴリーのなかで2番目のため、選択肢は不適切です。

ウ（誤）―<資料2>から、飲料の満足度は、2018年は男性が「3．普通」、女性が「2．やや不満」で、2021年が男女ともに「2．やや不満」と低くなっています。しかし、<資料1>から、飲料の売上高は、2018年の2,500万円から2021年の2,000万円に減少しているため、選択肢は不適切です。

（5）ウ（第2編第4章第3節）

a（誤）―<資料1>から、海産物の売上高は2018年から順に2021年まで、2,500万円、3,800万円、4,000万円、5,200万円と安定して伸びており、また、<資料2>から満足度は2018年・2021年、男女ともに「4．やや満足」から「5．大変満足」の間と高いことがわかります。しかし、現在は売上が好調であっても顧客ニーズは変化するため、常に顧客のニーズを把握して、新たな商品やサービスを提供していく姿勢が重要です。

b（正）―<資料1>から、スイーツの売上高は2018年から順に2021年まで、500万円、1,000万円、3,000万円、4,500万円と大きく伸びており、また、<資料2>から2018年の満足度（男性「3：普通」、女性「2：やや不満」）に比べ2021年の満足度（男性「5：大変満足」、女性「4：やや満足」）が大きく伸びています。したがって、「商品の増加や宣伝広告により、さらなる売上高の増加を目指す」ことは適切です。

c（正）―<資料1>から、飲料の売上高は2019年の2,900万円をピークに減少しており、2021年は2,000万円です。また、<資料2>から2018年の満足度（男性「3：普通」、女性「2：やや不満」）も2021年の満足度（男性「2：やや不満」、女性「2：やや不満」）と低くなっており、取り扱う商品が顧客のニーズと合っていないことが読み取れます。したがって、「顧客のニーズにあった商品の取り扱いを増やすことで、満足度を高め売上高の増加を目指す」ことは適切です。

令和５年度前期
ビジネス能力検定ジョブパス３級の
結果概要

●分野別の配点と平均点

分野別分類	分類名	問数	配点	平均点
A	ビジネス常識	8	26	20.1
B	時事・社会	11	32	25.6
C	組織・業務基本	8	22	18.9
D	コミュニケーション手法	8	20	16.9
	合計	35	100	81.5

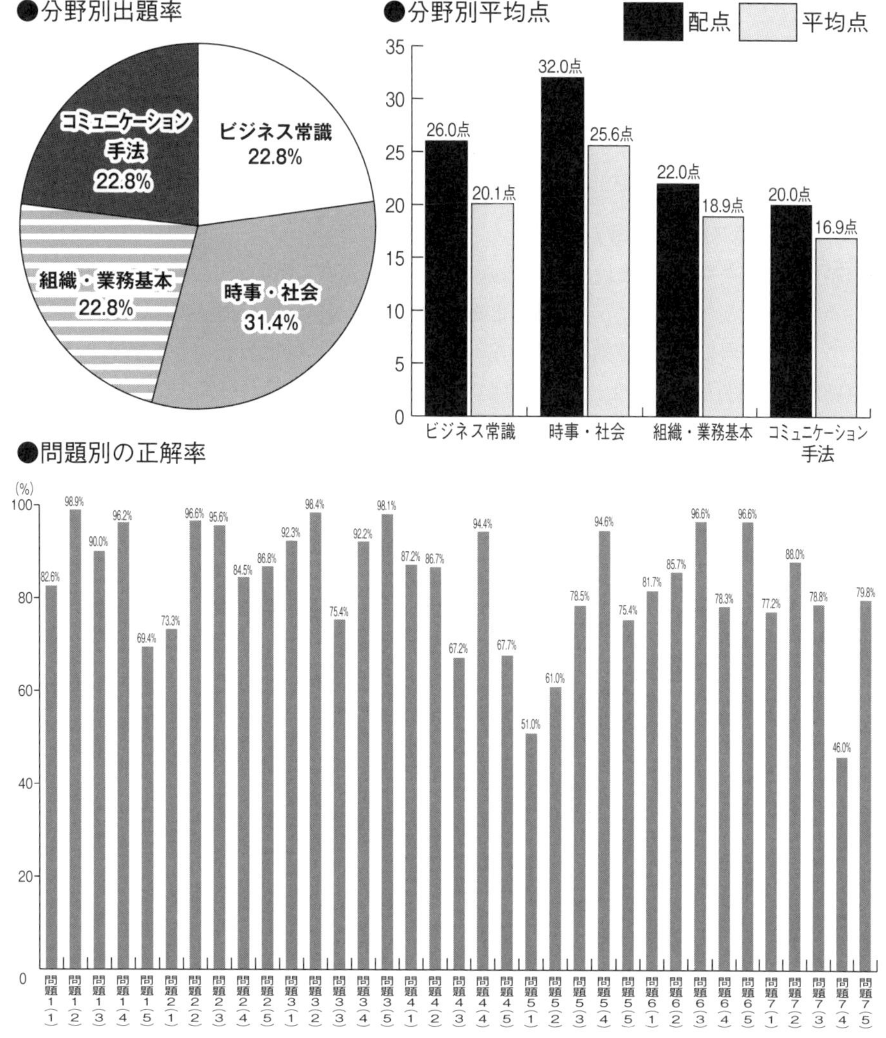

❸ 令和５年度前期試験問題

（1）イ（ビジネス用語の基本）

ア（誤）—シミュレーションとは、モデルを使って、自然科学や経済活動などの現象を解析・予測することです。コンピュータを使用することが多く、実験よりも低コスト、短時間、危険の回避などのメリットがあります。

イ（正）—ダイナミック・プライシングとは、需要に応じて適切な価格を設定することにより、利益を最大化しようとする価格戦略で、ホテル業界や航空業界などで導入が進んでいます。AIにより精度が高い需要予測ができるようになってきました。

ウ（誤）—パブリシティとは、マスメディアに報道されるように働きかける広報活動のことです。企業側のコントロールが困難というデメリットがありますが、広告コスト削減やマスメディアに取り上げられるため、信頼性が高いものになるというメリットがあります。

（2）ウ（ビジネス用語の基本）

ア（誤）—メンタルヘルスとは、心の健康のことをいいます。従業員の心の健康が損なわれると、うつ病やパニック障害などを引き起こし、職場の生産性が低下するといった影響があるため、企業のメンタルヘルスへの取り組みが広がっています。

イ（誤）—LGBTとは、同性愛者、両性愛者、身体の性と心の性が一致しない人などの性的マイノリティ（性的少数者）の総称です。持続可能な開発目標（SDGs）の「ジェンダー平等を実現しよう」による取り組みもあり、LGBTを人間の個性として受け止め、権利を尊重する動きが広がっています。

ウ（正）—バリアフリーとは、社会的、制度的、心理的なバリアを取り除くことです。もともとは建築用語でしたが、建築に限らず、より広い意味で用いられています。

（3）ア（ビジネス用語の基本）

ア（正）—GDPとは、国内総生産のことです。日本の2022年度の実質GDP成長率は、1.3%でした。GDPには実際に取引されている価格に基づく名目GDPと、物価変動の要因を取り除いた実質GDPがあります。

イ（誤）—WTOとは、貿易の自由化を促すためにさまざまな国際ルールを定めたり、加盟国間の交渉の場を提供したりする国際機関です。1995年1月に設立され、本部はスイスのジュネーブにあります。2022年6月現在、164ヵ国・地域が加盟しています。

ウ（誤）—EUとは、欧州連合条約（マーストリヒト条約）に基づき創設された、経済通貨同盟、共通外交・安全保障政策等の幅広い分野での協力を進めている政治・経済統合体で、正式名称を欧州連合（European Union）といいます。英国が脱退し、加盟国は27ヵ国となりましたが、加盟申請国は８ヵ国、そのうち５ヵ国が加盟交渉を開始しており、拡大の動きが進んでいます。

（4）ア（ビジネス用語の基本）

ア（正）―特別警報とは、気象庁が発表する防災情報の一つです。2013年８月に運用が始まりました。大雨特別警報が最も多く発表されています。

イ（誤）―気象災害とは、大雨、強風、雷などの気象現象によって生じる災害のことです。

ウ（誤）―注意報とは、災害が起こるおそれがある場合に気象庁により発表される予報です。重大な災害が起こるおそれがある場合には警報が、そのおそれが著しく大きい場合には特別警報が発表されます。

（5）ウ（ビジネス用語の基本、第１編第２章第５節）

ア（誤）―イノベーションとは、画期的な新製品・新サービスの創造、新生産方式の導入など経済発展の原動力となる幅広い変革のことです。たとえば、ICカード、スマートフォン、トヨタ自動車の「かんばん方式」などがあります。

イ（誤）―イニシャルコストとは、事業などで最初にかかる費用、初期費用、初期投資のことです。たとえば、飲食店などを始める際の店舗の内装工事や設備工事の費用、什器・備品の購入費等があります。

ウ（正）―ランニングコストとは、事業に必要な継続的な運営資金のことです。ムダなランニングコストを削減することが、利益の向上や経営の安定化につながります。

（1）イ（第１編第２章第３節・第２節・第５節）

ア（誤）―時間意識とは、時間をムダにしないようにする意識のことです。スケジュールを仕事で埋めて余裕時間を省こうとするのではなく、比較的重要ではない仕事は効率よく短時間ですませて、時間を有効に使うことが大切です。

イ（正）―顧客意識とは、お客さまを第一にする意識です。お客さまの目線で考え、求めているものを理解し、お客さまの役に立つ商品やサービスを提供することが、顧客満足度の向上につながります。

ウ（誤）―コスト意識とは、仕事のコストを認識しムダをなくす意識です。ムダなコストを削減することは重要ですが、メンテナンスコストを削減したために工場の機械が故障し、生産が停止するなど、必要なコストまで削減すると売上減少につながることがあります。

（2）ア（第１編第３章第４節）

a（正）―職場での身だしなみは、清潔で相手に不快感を与えないこと、調和がとれていること、機能的で働きやすいことが基本です。身だしなみは個人のイメージにとどまらず、会社のイメージにつながります。

b（誤）―会社に服装に関する決まりがない場合でも、働きやすい服装、機能性の高い服装であることが必要です。個性的で目立つのではなく、職業や職場の雰囲気にふさわしい服装を選ぶようにします。

c（正）―テレワークでは、多くの場合、服装は各自に任されていますが、身だしなみの基本は出社時と同じです。いつオンライン会議があってもあわてないように、身だしなみを整えておきます。

（3）イ（第1編第4章第1節、第2編第1章第1節）

ア（誤）―上司の指示を正確に理解し、指示に従って効率的に仕事を進めることが必要です。そのため、仕事の指示を受けるさいは、作業の区切りが悪いのであっても仕事の手を止め、上司の指示に集中します。

イ（正）―上司の指示を正確に理解し、忘れないためにメモを取ることが重要です。メモは、５Ｗ２Ｈをふまえて要点を記録します。また、正確に理解するため、疑問点は後で質問し、指示内容を確認することも大切です。

ウ（誤）―仕事には納期があり、計画的に行う必要があります。業務が複数ある場合は、取り組みやすい業務から順に行うのではなく、納期などから業務の優先順位を決めてスケジュールを立てることが重要です。

（4）ウ（第1編第5章第3節・第4節）

a（誤）―「拝見しました」は、話す側が自分自身や話に出てくる第三者の動作をへりくだって表現し、結果として相手を敬う謙譲語です。したがって、上司に対して使用するのは不適切です。

b（正）―「いらっしゃいます」は、話す側が相手の人や話に出てくる第三者の行動を敬う尊敬語です。したがって、お客さまに対して使用するのは適切です。

c（正）―「ご案内」は、相手に敬意を表してつかう丁寧な表現である丁寧語です。「いたします」は謙譲語である「いたす」に丁寧語の「ます」を付けた表現で、どちらも相手に敬意を表しているため、お客さまに対して使用するのは適切です。

（5）ウ（第1編第6章第3節・第4節）

ア（誤）―ビジネス目的での訪問の場合、面談に入るさいは、前置きを短めにし、すぐに用件に入るのが原則です。話をする順序は、あらかじめ組み立てておき、必要な資料を準備しておきます。

イ（誤）―紹介するときは、立場の低い側や身内にあたる側を先に紹介するのが原則です。先にお客さまを上司に紹介するのではなく、上司をお客さまに紹介します。

ウ（正）―面談は、事後処理が大切です。決定事項を上司や関係部署へ報告し、返事を保留した案件には迅速に対応します。それに加え、面談相手に、お礼や今後の見通しなども伝えるようにします。

（1）ウ（ビジネス用語の基本）

ア（誤）―サブスクリプションのことです。クラウドサービスが一般的になってきた近年では、ビジネス分野でもサブスクリプションでサービスを利用することが増えてきました。

イ（誤）―世界遺産のことです。日本では2023年9月現在、文化遺産20ヵ所と、自然遺産5ヵ所が登録されています。

ウ（正）―インバウンド消費のことです。2019年が最盛期で、訪日外国人は約3,188万人、インバウンド消費額は4兆8,135億円でしたが、新型コロナウイルス感染症による入国制限により大幅に減少しました。2023年現在は、入国制限の緩和と円安がインバウンド消費の追い風になっています。

（2）ア（ビジネス用語の基本）

ア（正）―電子決済のことです。2022年現在の決済額は、クレジットカードが93.8兆円、デビットカードが3.2兆円、電子マネーが6.1兆円、QRコードなどのコード決済が7.9兆円となっています。

イ（誤）―暗号資産のことです。ビットコイン（BTC）などがありますが、国による価値の保証がなく、安全面や信用問題から価値の変動が大きいなどのリスクがあります。

ウ（誤）―非対面型ビジネスのことです。新型コロナウイルス感染症の拡大により、防止策として急速に広がりました。

（3）ウ（ビジネス用語の基本）

ア（誤）―非正規雇用のことです。雇用の安定や賃金などで正規雇用との格差があり、働き方改革で是正に向けた取り組みが行われています。2022年平均では、雇用者に占める非正規の従業員割合が36.9％となっています。

イ（正）―カスタマーハラスメントのことです。近年、増加傾向にあり、従業員の心身を傷つけ、離職にもつながるため、対応マニュアルの作成や、担当者や相談窓口の設置など、対策を行う企業が増えています。

ウ（誤）―エッセンシャルワーカーのことです。社会生活に不可欠な存在ですが、大きな業務的負荷や長時間労働などにより、慢性的な人材不足となっています。働き方改革法による時間外労働の上限規制がエッセンシャルワーカーの労働環境改善につながる一方、人材不足がさらに深刻化する懸念があり、対策が急がれています。

（4）イ（第１編第２章第５節、ビジネス用語の基本）

ア（誤）―アウトソーシングのことです。総務、人事、技術、情報システム管理など多分野で利用されています。

イ（正）―ジャストインタイム（JIT）生産システムのことです。JITを実現する代表的な生産管理手法が「かんばん方式」であり、かんばんと呼ばれる管理カードを使用して、後工程で必要となる部品を前工程に対して発注することで、適正在庫を維持する方法です。

ウ（誤）—AIのことです。技術の進歩により、これまで難しいとされていた創造的なコンテンツを生成できる生成AIも登場し、すでに研究開発や製品の設計などで導入が始まっています。

（5）ア（ビジネス用語の基本）

ア（正）—地産地消のことです。輸送コストが抑えられるメリットや、地域資源を活用した商品を開発・販売して、地域の活性化につながるメリットがあります。

イ（誤）—ニッチ市場のことです。一般的に競争が少ないため、顧客の細かいニーズを満たす商品やサービスを開発·販売する戦略を取ることで、中小企業にも高収益を得るチャンスがあります。

ウ（誤）—マーケットシェア（市場占有率）のことです。市場全体のシェアのほかに、特定エリアや年齢層など対象市場に占める個別のシェアという考え方もあります。マーケットシェアは、製造・販売などの経営戦略にも使用される重要な指標で、一定の割合を獲得すると市場への供給量が安定します。

（1）イ（第1編第6章第2節）

応接室では、出入口から遠い奥が上座、近い手前が下座となるため、上座から下座は、順に②→①→④→③となります。お客さまは、自分の会社の人よりも上座になるため、たとえ職位がなくても自分の上司よりも上座をすすめます。また、一般的には、お客さまにはソファをすすめます。

ア（誤）—お客さまは①、上司は③、自分は④とすると、上司は自分よりも下座になるため、不適切です。また、お客さまには、最上座の②をすすめます。

イ（正）—お客さまは最上座の②をすすめ、上司は身内側で自分よりも上座となるため、上司は④、自分は③に着席するようにします。

ウ（誤）—お客さまは②、上司は①とすると、上司がお客さま側になるため、不適切です。

（2）ア（第2編第2章第4節）

a（正）—見積書は、取引先に製品やサービスの金額を提示するための文書です。金額のほか、納期、支払条件などの取引内容を明らかにすることによって、認識のズレから生じるトラブルを防ぐことができます。時期によって金額が異なることがあるため、見積書には有効期限も記載します。

b（誤）—案内状は、各種の展示会、講演会、セミナー、研修会などへ招待するための文書です。多数の参会者を得ることが目的であり、安心して参加できるよう、内容、日時、会場、電話番号、案内図などを添付します。

c（正）—通知状は、自社に関する情報や決定事項を広く社外に周知する文書です。年末年始などの長期休暇や店内改装による休業のほか、商品価格の改定や事務所の移転などの周知にも利用します。

（3）ウ（第２編第２章第６節）

a（新商品Ｚ紹介のためのＡ社訪問）—件名は、メールの用件を簡潔に表すようにします。件名である程度内容が予想できれば、大量のメールが届いても優先順位をつけて対応しやすくなります。送信者名の「営業部　森田」や「8月7日の件」では、報告の内容が伝わらないため、不適切です。

b（お疲れさまです。）—電子メールでは、「拝啓」などの頭語、時候のあいさつは省略します。ただし、社外あての場合は、「いつもお世話になっております」などの簡単なあいさつは入れます。社内あてのメールの場合は、「お疲れさまです」などのあいさつを入れるのが一般的です。

c（以上）—電子メールでは、文末のあいさつは簡潔にし、「敬具」などの結語は省略します。社外あての場合は、「今後ともよろしくお願い申し上げます」、社内あての場合は「よろしくお願いします」などが使われます。社内の報告の場合は「以上」とすることで、以降に報告事項がないことが明確になります。

（4）ウ（第２編第３章第４節・第２節）

ア（誤）—面談中の社員に電話を取りつぐことは、お客さまに失礼になります。緊急でなければ、伝言メモにして残して、電話で名指しされた人が席に戻ったら電話があった旨を伝えます。緊急の場合は、お客さまにひと言おわびをしてから社員にメモを渡します。

イ（誤）—名指しされた人が不在の場合は、お客さまに名指しされた人の帰社予定時間を伝えます。ただし、外出先や目的については社内情報のため、話さないようにします。

ウ（正）—名指しされた人が不在の場合、伝言メモにして残し、名指しされた人が席に戻ったら電話があったこと、伝言をメモにして残したことを伝えるのは正しい対応です。相手に電話をかけ直してもらう場合は、名指しされた人が戻る時間を告げ、丁寧に対応します。

（5）イ（第２編第５章第２節）

a（誤）—個人のSNSやブログの情報は、信頼性が高いとはいえません。いくつかのサイトの情報を比較したり、出所をたどったりして、情報の妥当性を判断する必要があります。

b（正）—インターネット上の情報にも、著作権や肖像権があり、安易に使用すると、権利侵害のおそれがあります。権利のあるものを公開する文書などで利用するさいには、提供者（著作者）の了承を受ける必要があります。

c（誤）—すべてのホームページに、つねに最新の情報が掲載されているわけではありません。インターネットには新しい情報と古い情報が混在しているため、ページ作成日や情報の更新日を確認する必要があります。

（1）イ（第２編第５章第３節）

ア（誤）—本文２段目後ろから４行目に、「日本生産性本部の７月調査では、働く人のテレワーク実施率は 16.2％」とあり、選択肢と合致しません。27.9％は、本文２段目後ろから１行目の「従業員が 1000 人より多い企業に勤める人」の割合です。

イ（正）—本文２段目後ろから３行目に、「働く人のテレワーク実施率は 16.2％。従業員が 1000 人より多い企業に勤める人では 27.9％。コロナ禍前からはある程度定着したものの、１年前からは 6.8 ポイント低下した」とあります。１年前からテレワーク実施率が低下し、全体と従業員 1,000 人超の差が 11.7（27.9 − 16.2）ポイントであり、選択肢と合致します。

ウ（誤）—本文３段目８行目に、「今春の行動制限要請の解除後に出社を求める企業が増えた影響とみられるが、出社でどのような付加価値を生み出せるか、出社の意義が問われている」とあり、選択肢と合致しません。

（2）イ（第２編第５章第３節）

a（正）—本文３段目後ろから５行目に、「コロナ禍で在宅時間が増えたこともあり、ペットとの時間を重視する人は増えている。経済産業省によると、ペット・ペット用品販売額は 20 年のコロナ禍以降、上昇傾向だ。ペット同伴出勤はこうした人たちを考慮した対応でもある」とあり、選択肢と合致します。

b（誤）—本文１段目５行目に、「専用スペースを設置した」とあり、本文１段目 14 行目に、「ネットワーク（東京・台東）の協力を得た。同社から提供を受けたエサや食器、トイレシートを用意」とありますが、ペットを飼っている社員の負担を減らすことを意図したという記述はないため、選択肢と合致しません。記事からは、社内のコミュニケーション不足の解消を意図していることが読み取れます。

c（誤）—本文１段目 11 行目に、「設営には犬関連用品や犬も入店可能なカフェを手掛けるネットワーク（東京・台東）の協力を得た」とありますが、ネットワーク社からペット同伴勤務の提案があったとの記述はないため、選択肢と合致しません。

d（誤）—ペットを飼っている社員にペット用品の販売促進の協力をしてもらったという記述はないため、選択肢と合致しません。

（3）ア（第２編第５章第３節）

a（正）—ペット・クリニック指数の折れ線グラフは、「2015 年＝ 100」であり、2021 年は約 130 であることから、約 30（約 130 − 100）％増加しているため、選択肢と合致します。

b（誤）—本文３段目後ろから１行目に、「経済産業省によると、ペット・ペット用品販売額は 20 年のコロナ禍以降、上昇傾向だ」とあります。また、ペット・ペット用品（販売額）の棒グラフから、2020 年からのコロナ禍以降増加していることがわかりますが、3,000 億円は超えていないため、選択肢と合致しません。

c（誤）—ペット・クリニック指数の折れ線グラフから、2020 年と 2021 年はほぼ同じであり、2020 年からのコロナ禍以降も上昇し続けているとはいえないため、選択肢と合致しません。

（4）ウ（第2編第5章第3節）

a（ネスレ日本）—本文４段目10行目に、「ネスレ日本は14年から犬同伴で出勤できる制度を設けている。神戸市内の本社に扉を二重にして逃走を防止したペットルームを設け」とあります。

b（エウレカ）—本文５段目後ろから８行目に、「エウレカ（東京・港）は、昼間に世話をする人がいないなどの事情がある場合、事前申請の上で犬などのペット同伴での出勤を許可している」とあります。

c（休暇取得）—本文５段目後ろから１行目に、エウレカについて「『ペットも大事な家族なので、同伴出勤やペットを病院に連れて行く際の休暇取得を可能としている』」とあります。

（5）イ（第2編第5章第3節）

ア（誤）—本文６段目後ろから11行目に、「ペットをオフィスに受け入れるには設備面などの対応が欠かせず、導入のハードルは低くない」とあり、設備導入のハードルが高いことが読み取れます。しかし、導入費用を抑えるために犬が嫌いな社員と出勤日をずらすという記述はないため、選択肢と合致しません。なお、本文１段目後ろから５行目に、「オフィスビル内では犬の動線は制限し、犬と遭遇したくない人にも配慮した」とあり、犬が嫌いな社員への配慮は読み取れます。

イ（正）—リード文７行目に、「愛犬をきっかけに社員間のコミュニケーションを生み出す狙いだ。新型コロナウイルス禍が長引き在宅勤務が企業に定着するなか、新たな出社スタイルの一つとして今後浸透する可能性がある」とあり、ペットを中心としたコミュニケーションの創出やペットを飼っている社員が働きやすい環境づくりへの取り組みが読み取れます。また、本文３段目８行目に、「今春の行動制限要請の解除後に出社を求める企業が増えた影響とみられるが、出社でどのような付加価値を生み出せるか、出社の意義が問われている」とあり、企業の出社の意義につながる付加価値を提供する必要性が読み取れ、選択肢と合致します。

ウ（誤）—本文５段目後ろから１行目に、「『ペットも大事な家族なので』」とあり、ペットも大事な家族であるという意識が高まっていることが読み取れます。しかし、本文１段目後ろから５行目に、「オフィスビル内では犬の動線は制限し、犬と遭遇したくない人にも配慮した」とあり、ペットとの触れ合いを望まない社員への配慮が読み取れ、受け入れるように教育を行うという記述はないため、選択肢と合致しません。

（1）ア（第1編第2章第2節）

ア（正）—お客さまが求めているサービスを提供し、顧客満足度を高めることが重要です。そのためには、お客さまが求めているものは何かを知る必要があります。ツアーのどのようなところに興味があるのか、希望に合うツアーがないか調べるといった、お客さまの要望に耳を傾け、要望に沿った提案をしようとしているため、適切です。

イ（誤）―お客さまの要望を聞かずに、一方的にチラシを見て検討するようにお願いするのは、お客さまが求めているサービスの提供につながらず、顧客満足度が低下する要因になるため、不適切です。顧客満足度を高めるためには、お客さまの希望を探り、提案する姿勢が必要です。

ウ（誤）―お客さまの要望を聞かずに、お客さまの希望したツアーの金額と地域だという理由のみで提案しています。お客さまが求めているサービスを提供するためには、お客さまの要望を理解することが必要です。

（2）ウ（第1編第2章第2節、第1編第4章第3節）

ア（誤）―お客さまに、13時は企画書を作成する必要があるといった自分の事情を伝えるのは、不適切です。自分の都合を優先するのではなく、お客さまの都合を優先することができないか検討します。

イ（誤）―お客さまの都合を優先する目的であっても、上司に相談なく休暇中の同僚に出勤を依頼することは不適切です。

ウ（正）―自分だけで解決できない問題を上司に相談し、指示を仰ぐことは適切です。上司は総合的に状況を判断して、窓口対応当番の交代や企画書提出期限の延期など、適切な対応を指示することができます。

（3）イ（第2編第2章第3節）

a（テーマ）―企画内容の最初に記載されるもので、「T県の名所と贅沢な冬の味覚を気軽に楽しんでいただくツアー」とは、企画のテーマ（主題）です。

b（ターゲット）―「友人同士やご夫婦で参加するシニア層」は、企画のターゲット（利用者）です。

c（ねらい）―「S営業所の継続的な利用者を増やしていくこと」は、企画のねらい（目的）です。

（4）イ（第1編第2章第2節、第1編第4章第3節）

ア（誤）―斉藤は、所長の後藤から、本文P.163の8行目で、団体のお客さま向けの営業に、できる限り川村と同行するように指示を受けています。しかし、斉藤の同行は必須ではないため、斉藤の予定が合わなくても、川村は6日の14時から15時の時間であれば在席している旨を回答すべきであり、不適切です。

イ（正）―斉藤の窓口対応当番を交代すると、川村が空いている6日の14時から斉藤も打ち合わせに出席できます。打ち合わせの日程について、川村に確認後にお客さまに回答すること、電話対応後に窓口対応当番の調整を行うことは、適切です。

ウ（誤）―社内都合よりもお客さまの都合を優先させる意識は適切ですが、川村の社内会議の予定を変更できるかわからない状況で、その時間にお客さまと打ち合わせの約束をすることは、不適切です。

（5）ア（第1編第2章第3節、第1編第4章第1節・第3節）

ア（正）―仕事には期限があります。期限に遅れないように仕事を進めるためには、不測の事態にそなえて余裕時間を見込んで計画を立てることが重要です。また、不測の事態が起きた場合は、速やかに上司や先輩に相談します。

イ（誤）—斉藤は入社して８ヵ月の社員であり、先輩社員の川村の指導を受けながら仕事を進めている段階です。成長しようとする姿勢は大切ですが、まだ一人で商談を進めるまでの経験はなく、指示も受けていないことから、川村に代わり商談を担当することは、不適切です。

ウ（誤）—お客さまの都合を優先させることは適切ですが、内部の仕事であっても締め切りに遅れないように余裕をもって計画を立てて実行することが適切です。

（１）ア（第２編第４章第３節）

a（誤）—2022年の全体の売上高は5,000万円、20代の売上高は400万円です。20代の売上高は、全体の売上高の１割の500万円（5,000万円÷10）に満たないため、不適切です。

b（正）—2020年と2022年の30代と40代の売上高の伸び率は、次のとおりです。

・30代：200%（2022年売上高1,200万円÷2020年売上高600万円×100）

・40代：200%（2022年売上高1,800万円÷2020年売上高900万円×100）

したがって、30代・40代ともに200%であり、適切です。

c（誤）—2021年から2022年の会員の増加人数と、2020年から2021年の会員の増加人数は、次のとおりです。

・2022年の会員の増加人数：500人（2022年2,500人－2021年2,000人）

・2021年の会員の増加人数：400人（2021年2,000人－2020年1,600人）

したがって、2021年から2022年の会員の増加人数は、、2020年から2021年と比較して増加しているため、不適切です。

（２）イ（第２編第４章第３節）

a（800万円）—2020年の全体の売上高は2,800万円（20代300万円＋30代600万円＋40代900万円＋50代以上1,000万円）、2021年の全体の売上高は3,600万円（20代400万円＋30代800万円＋40代1,300万円＋50代以上1,100万円）で、その差額は800万円（3,600万円－2,800万円）となります。

b（20,000円）—2022年の全体の売上高は5,000万円です。会員一人あたりの購入金額は、全会員数2,500人で割り、２万円（5,000万円÷2,500人）となります。

c（増加）—2020年の全体の売上高は、aより2,800万円です。会員一人あたりの購入金額は、全会員数1,600人で割り、1.75万円（2,800万円÷1,600人）となり、2022年（２万円）は2020年と比べ増加しています。

（３）イ（第２編第４章第３節）

ア（誤）—30代がもっとも気にしていることは「価格」であり、割合は25%です。「インスタ映え」をもっとも気にしている割合は15%であり、「価格」をもっとも気にしている会員は、「インスタ映え」をもっとも気にしている会員の２倍（15%×２＝30%）に満たないため、不適切です。

イ（正）―年代が低くなるに従って、「インスタ映え」をもっとも気にする割合が高くなり、20代では20%となっています。20代の会員数は300人であり、20代で「インスタ映え」をもっとも気にしている会員は60人（300人×0.2）であるため、適切です。

ウ（誤）―50代以上で「品揃え」をもっとも気にしていると回答した割合は25%、40代で「アフターフォロー」をもっとも気にしていると回答した割合は20%であり、割合は同じではないため、不適切です。

（4）ウ（第2編第4章第3節）

ア（誤）―2022年の40代と50代以上の会員一人あたりの購入金額は、次のとおりです。

・40代：2万円（購入金額1,800万円÷会員数900人）

・50代以上：約2.3万円（購入金額1,600万円÷会員数700人）

したがって、50代以上のほうが会員一人あたりの購入金額が多いため、不適切です。

イ（誤）―2022年の年代別の売上高の順位は、40代1,800万円、50代以上1,600万円、30代1,200万円、20代400万円の順です。「接客」をもっとも気にしている割合の順位は、50代以上30%、40代25%、30代20%、20代15%です。したがって、順位は同じではないため、不適切です。

ウ（正）―20代と30代を合わせた会員数は900人（20代300人＋30代600人）であり、全会員数2,500人の36%（900人÷2,500人×100）となり、3割以上であるため、適切です。

（5）ウ（第2編第4章第3節）

a（正）―＜資料1＞から、年代別の売上高がもっとも多いのは40代です。＜資料2＞から40代がもっとも気にしていることは「品揃え」と「接客」です。品揃えをＰＲして来店を促し、丁寧な接客をすることは適切な販売促進策です。

b（誤）―2022年の年代別の会員一人あたりの購入金額は、次のとおりです。

・20代：約1.3万円（売上高400万円÷会員数300人）

・30代：2万円（売上高1,200万円÷会員数600人）

・40代：2万円（売上高1,800万円÷会員数900人）

・50代以上：約2.3円（売上高1,600万円÷会員数700人）

したがって、会員一人あたりの購入金額がもっとも多い年代は50代以上であり、購入時にもっとも気にしていることの割合がもっとも多い「接客」面で売上高の増加を図るべきです。なお、「価格」をもっとも気にしている30代に割引クーポンを使用した販売促進策は適切です。

c（正）―＜資料1＞から、過去3年間の売上高がもっとも少なかったのは20代です。＜資料2＞から20代がもっとも気にしていることは「価格」で、「品揃え」と「インスタ映え」が同率で続きます。若者に人気でインスタ映えする商品のバーゲンセールを企画する販売促進策は、適切です。

令和５年度後期
ビジネス能力検定ジョブパス３級の
結果概要

●分野別の配点と平均点

分野別分類	分類名	問数	配点	平均点
A	ビジネス常識	8	26	19.7
B	時事・社会	9	28	22.0
C	組織・業務基本	8	24	18.2
D	コミュニケーション手法	10	22	17.0
	合計	35	100	76.9

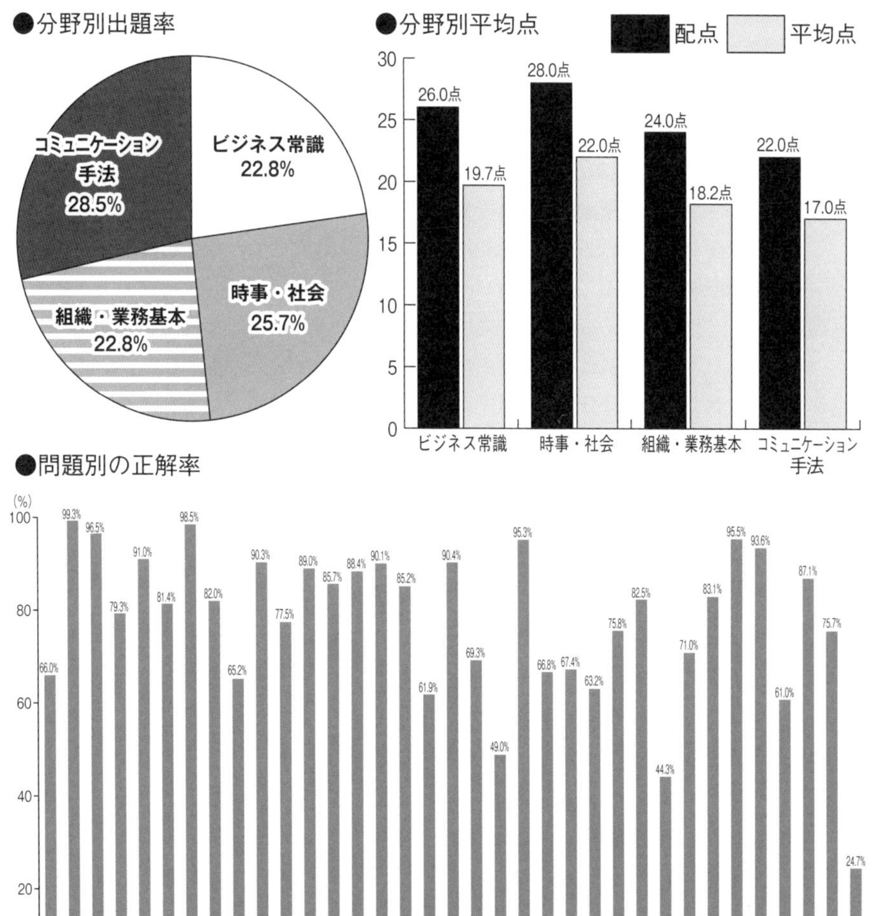

❹ 令和５年度後期試験問題

（1）イ（第１編第２章第５節）

ア（誤）―ランニングコストとは、事業の運営に必要な継続的なコストのことです。たとえば、製造業では、原材料費、製造ラインの水道光熱費や人件費などです。

イ（正）―イニシャルコストとは、事業を始める最初にかかる費用、初期投資のことです。イニシャルコストは、ランニングコストに影響を及ぼすことがあります。たとえば、省エネ性能に優れた装置はイニシャルコストが高いですが、光熱費などのランニングコストが安くなります。

ウ（誤）―アウトソーシングとは、自社の業務の一部を社外に委託することです。アウトソーシングにより、コスト削減や人材の有効活用が可能になり、自社の中心的なビジネスにより多くの資金や人材を投入することができます。

（2）ア（ビジネス用語の基本）

ア（正）―食品ロスは、消費者庁による2021年度の推計では、日本は年間約523万トン、世界は約25億トンとされています。日本では、飲食店での食べ残しの持ち帰りを促す政府の取り組み「mottECO」など、食品ロス削減の取り組みが広がっています。

イ（誤）―リサイクルとは、廃棄物を他の原材料やエネルギー源として再利用する取り組みです。日本は電子基板などの廃棄物から貴金属を回収する「都市鉱山」の埋蔵量は世界有数で、この分野でもリサイクルの取り組みが行われています。

ウ（誤）―地産地消とは、地域で生産された農産物やとれた水産物を、その地域内で消費することです。地域資源を活用した商品を開発・販売して、地域の活性化や消費者の食の安全への意識の高まりといったニーズに応える役割も期待されています。

（3）ア（ビジネス用語の基本）

ア（正）―メンタルヘルスとは、心の健康状態や、その維持・増進、または心の健康を害してしまった人への周囲のサポート、治療のことを指します。労働安全衛生法により、心の健康状態の不調を防ぐため、常時働く従業員が50人以上の事業所では、毎年１回のストレスチェックが義務付けられています。

イ（誤）―カスタマーハラスメントとは、顧客による暴言・暴力、嫌がらせ、過度な要求、悪質なクレームなどの迷惑行為のことです。2022年２月に厚生労働省より「カスタマーハラスメント対策企業マニュアル」が公表されるなど、取り組みが広がっています。

ウ（誤）―ノーマライゼーションとは、障がい者や高齢者などに特別な配慮をするのではなく、そうした人々も一般の人々も変わらずに生活ができる社会こそがノーマル（正常）な状態とする考え方です。

（4）イ（ビジネス用語の基本、第２編第５章第２節）

ア（誤）—サブスクリプションとは、定期購読・継続購入を意味し、商品やサービスを所有・購入するのではなく、一定期間利用できる権利に対して料金を支払うものです。購入に比べ、利用者にとってはサービスの乗り換えがしやすく、さまざまなサービスを気軽に試せるメリットがあります。

イ（正）—ライブコマースとは、インターネットを使用してライブ配信で商品を紹介し販売する手法のことです。販売側と購入側の双方向のコミュニケーションがあることが特徴で、臨場感のある購買体験が実現でき、スムーズに商品の購入が可能です。

ウ（誤）—インターネットテレビとは、インターネットを通して放送される番組のことです。Netflix や AbemaTV などインターネットだけで提供されているサービスのほか、テレビ局の見逃し配信、オンデマンド配信などがあります。

（5）イ（ビジネス用語の基本）

ア（誤）—プライベートブランドとは、小売・流通業者が独自に企画・開発した製品のことで、一般的にメーカーのブランド商品（ナショナルブランド）より低価格です。モノの価格上昇が続く状況のなか、スーパーマーケット各社では売上に占めるプライベートブランドの比率が増えています。

イ（正）—セールスプロモーションとは、消費者の購買意欲や流通業者の販売意欲を引き出す取り組み全般のことです。販売促進活動ともいいます。製品の試用や試食（サンプリング）、キャンペーンのほか、SNS や Web 広告などデジタル技術を活用した取り組みがあります。

ウ（誤）—マーケットシェアとは、製品やサービスの市場への総供給量のうち、特定の製品やサービスの供給量が占める割合（市場占有率）のことで、企業の競争力を示す重要な指標です。たとえば、日本のスマートフォン市場では Apple がマーケットシェア約５割と最も大きく競争力が高いといえます。

（1）ア（第１編第２章第２節・第３節・第４節）

ア（正）—顧客意識とは、お客さまを第一に、お客さまの目線で考える意識です。顧客意識が顧客満足につながり、直接お客さまに接していない部門も含めすべての部門で顧客意識を持つことが重要です。

イ（誤）—納期意識とは、期日を守る意識です。精一杯努力することは大切ですが、納期遅れになる直前まで自分一人で進めると、納期に間に合わなくなったり、品質が低下したりすることがあるので、不適切です。納期の遅れが見込まれる仕事は納期直前まで抱え込まずに、早めに上司に相談することが必要です。

ウ（誤）—目標意識とは、ゴール（目標）を設定して仕事に取り組む意識です。一人ひとりの目標から組織全体の目標を設定するのではなく、組織全体の目標を立てて共有し、組織全体の目標にもとづいて一人ひとりの目標を設定します。

（2）ウ（第1編第3章第1節・第2節）

a（正）―仕事でミスをした場合は、上司に隠さず報告をします。上司や先輩の注意や叱責は、二度と同じ失敗を繰り返させないための教育と考え、素直に耳を傾けるようにします。

b（誤）―職場では仕事を円滑に行うためのコミュニケーションが求められます。自分の意見を主張するだけでは、円滑なコミュニケーションが取れません。自分の意見が正しいと思った場合でも、相手の意見を聞き、お互いに理解し合うことが必要です。

c（正）―職場の周囲の人へのあいさつ、上司からの仕事の指示への質問など、積極的にコミュニケーションを取ることは、職場のチームワークを高めることにつながり、その結果、ミスやトラブルを回避することができ、業務効率も上がります。

（3）イ（第1編第4章第1節・第2節）

ア（誤）―複数の事項について報告するときは、重要度（影響度や緊急度）の高いものから報告します。また、報告事項を事前に分類、整理しておき、報告では結論を先に述べ、そのあとに理由や経過を述べるようにします。

イ（正）―報告は仕事が終わったら直ちに行うのが基本です。外出や出張、テレワークなどで直接報告することが難しいときに、電子メールで報告することは適切です。また、電子メールには「CC」や「BCC」を使って複数の人に情報を共有できるメリットもあります。

ウ（誤）―長期間の仕事は、途中経過を報告するようにします。途中経過は、仕事の進行状況、今後の見通し、今後仕事を進めるうえでの問題点などを報告します。

（4）ウ（第1編第5章第1節・第2節）

ア（誤）―仕事中は学生ことばを使うことは不適切です。職場では、年齢も価値観も違う人が一緒に働いています。それまでの日常生活ではとくに問題にならなかったことばづかいでも、職場では違和感や抵抗感をもたれてしまうことがあります。

イ（誤）―自分の上司であるA部長のことをお客さまに対して「A部長は」と言うのは不適切なことばづかいです。「Aは」または「部長のAは」が適切です。「ただ今席を外しております」は正しいことばづかいです。

ウ（正）―あとよしことばのことで、お客さまに商品をすすめるときなどに使います。悪いこととよいことを一緒に話す場合、あとに話すことのほうが聞き手の頭に残ります。このため、よいことをあとに話したほうが、話の内容だけではなく話し手の印象もよくなります。

（5）イ（第2編第1章第5節・第6節）

a（誤）―IDとパスワードは他人がアクセスできないように設定するものであるため、他人に知られないように管理する必要があります。IDやパスワードのメモをパソコンに貼っておくことは不適切です。

b（正）―テレワークで業務を行うときに、情報共有の手段としてグループウエアなどの情報管理ツールを導入することは適切です。グループウエアは、職場のメンバーのスケジュールやファイル共有ができるため、業務効率化やペーパーレス化につながります。

c（誤）―電子メールは、サイバー攻撃の代表的な手口である標的型攻撃メールなどの被害を受ける危険があります。知らない相手からの電子メールを開いたり、添付ファイルを開いたりすると、ウイルスに感染する可能性があるため不適切です。

（1）ア（第２編第６章第１節）

ア（正）―デフレーションのことです。消費者や企業が支出を減らし需要が低下すると、モノやサービスが売れず、価格を下げざるを得なくなることが原因の１つです。物価の下落と景気の低迷が交互にくりかえされて加速する状況を、デフレスパイラルと呼びます。

イ（誤）―インフレーションのことです。需要の増加、モノやサービスの不足により価格が上昇することが原因の１つです。新型コロナウイルス感染症拡大防止の規制が緩和されたために急激に需要が増加したこと、ウクライナ危機によりエネルギーや食糧の生産量が低下したことなどで、世界的なインフレーションが発生しています。

ウ（誤）―円高のことです。海外から輸入する製品の価格が下がりますが、海外に輸出する製品は価格が上がるため、輸出企業にとっては収益悪化の原因になります。逆に、円の価値が海外の通貨に対して低くなる現象のことを円安といいます。

（2）イ（第２編第６章第２節、ビジネス用語の基本）

ア（誤）―メタンハイドレートのことです。海底に豊富に存在するとされ、エネルギー源として注目されています。メタンハイドレートの採取には、化石燃料の採掘技術をそのまま使用することができないため、技術開発の必要性やコスト的な課題があり、日本だけでなく各国で調査や研究が進められています。

イ（正）―マイクロプラスチックのことです。マイクロプラスチックは、アジア途上国が主要な排出地域となっており、2015年の環境省の海洋ごみの実態把握調査により、日本周辺海域では、世界の海の約27倍のマイクロプラスチックが確認されました。2022年に、プラスチック汚染に関する条約の策定に向けた政府間交渉委員会が開催されるなど、国際的な取り組みが始まっています。

ウ（誤）―３Ｒのことです。廃棄物を減らす「リデュース（Reduce）」、繰り返し使う「リユース（Reuse）」、再利用する「リサイクル（Recycle）」の３つのことばの頭文字をとって３Ｒと呼ばれています。

（3）ウ（ビジネス用語の基本、第２編第６章第１節、）

ア（誤）―GDPのことです。2020年の日本の実質GDP成長率は－4.6%となり、リーマンショック時の2008年の－3.6%を超えるマイナスとなりました。2022年はGDP成長率1.3%で、GDP実額はコロナ禍前の2019年と同程度まで回復してきました。

イ（誤）―グローバル化のことです。企業間取引でグローバル化が進んできましたが、ウクライナ危機や米中の経済対立などがグローバル化にも大きく影響し、企業は安定的な国際取引への対応に迫られています。

ウ（正）―WTOのことです。新型コロナウイルス感染症拡大の影響により延期されていたWTOの最高意思決定会議である閣僚会議が、約4年半ぶりに2022年6月に開催されました。そして、パンデミック、食料安全保障、WTO改革への対応といった内容を柱とする閣僚宣言が発出されました。

（4）イ（ビジネス用語の基本）

ア（誤）―EU（欧州連合）のことです。EUは単一市場を形成しており、GDP（国内総生産）はアメリカ合衆国に次ぐ2位です。また、EUの単一通貨であるユーロの世界外国為替市場でのシェアも、アメリカ合衆国のドルに次ぐ2位となっています。

イ（正）―サミットのことです。2023年5月の広島サミットでは、ウクライナ侵攻や気候変動など、世界が直面する重要な課題について話し合われました。また、生成AIの国際的なルール作りを推進する枠組み「広島AIプロセス」が合意されました。

ウ（誤）―ユネスコ（国際連合教育科学文化機関）のことです。世界遺産のほか、無形文化遺産の登録も行っており、日本の無形文化遺産は、2023年1月現在、能楽など22件が登録されています。また、持続可能な開発目標・SDGsの目標4「質の高い教育をみんなに」の国際連合の主導機関となっています。

（5）ア（ビジネス用語の基本、第2編第6章第2節）

ア（正）―フランチャイズチェーンのことです。加盟店には本部のサポートにより、比較的早い段階で経営基盤を安定させられるメリットがありますが、経営の独自性が出しにくいというデメリットもあります。

イ（誤）―ダイナミック・プライシングのことです。市場の需要と供給の状況に合わせて価格を変動させ、利益を最大化できるメリットがあります。たとえば、スポーツ観戦のチケットで試合日時や対戦相手、売れ行きなどから価格を変動させて利益を最大化できる方法が導入されているケースがあります。

ウ（誤）―シェアビジネスのことです。スマートフォンのアプリなどを介して、物品やサービスを個人間で貸し借りするビジネスです。Airbnbなどの空間のシェアや、Uberなどの移動のシェア、ラクサスなどのモノのシェアなどがあります。

（1）ア（第1編第6章第2節）

エレベーターの中では、入り口から遠い奥が上座、入り口の手前が下座になり、入口のボタン側が最も下座になります。

ア（正）―お客さまが上座のcとd、上司が下座のa、自分が最も下座のbであり、適切です。

イ（誤）―お客さまが上座のcとdは適切ですが、上司が最も下座のbであるため不適切です。

ウ（誤）―お客さまが上座のc、自分が最も下座のbは適切ですが、お客さまが下座のa、上司が上座のdであるため不適切です。

（2）イ（第１編第６章第４節）

a（誤）―名刺交換をしたときに名前を聞き取れず、名刺に記載された名前の読み方もわからない場合は、相手の名前がわからないままのほうが失礼にあたるため、その場で「失礼ですが、どのようにお読みするのでしょうか」とたずねます。

b（正）―自分の名刺は切らさないように、20枚くらいは携行しましょう。名刺の手持ちがなくなってしまったら、「今日は名刺を切らしておりまして申しわけございません」と謝り、自分の肩書と氏名を名のります。さらに後日、一筆添えて名刺を郵送しておく配慮も必要です。

c（正）―お客さまに紹介するときは、自社の社員を先にお客さまに紹介します。自社の社員が複数いる場合は、役職の低い社員から順番に紹介します。お客さまの紹介は最後にします。お客さまが複数いる場合は、役職の高いお客さまから先に紹介します。

（3）イ（第２編第６章第５節）

ア（誤）―新規のお客さまにアポイントをとるときは、まず、自己紹介が必要です。こちらの社名、所属部署、氏名（肩書）を名のります。そのうえで、訪問の目的、訪問の日時、所要時間を伝え、先方の都合をたずねます。

イ（正）―はじめての訪問先の場合、事前に訪問先の情報を調べ、先輩や上司に確認をします。また、すでに取引のある会社であれば、過去から現在に至る取引状況や、その特徴などについても把握しておきます。

ウ（誤）―お客さまに事前の連絡を入れずに、すぐに訪問するのは失礼であり、また、先方の都合が悪ければ時間のムダになります。急ぎの用件であっても必ず事前の連絡を入れてから訪問します。

（4）ウ（第２編第１章第６節、第１編第４章第１節）

a（正）―電子メールで添付ファイルを送るときには、添付ファイルを暗号化してパスワードをかけます。パスワードを電子メール本文に書くのではなく、電話など別の手段でパスワードを伝えます。

b（正）―電子メールのCC（カーボンコピー）は、全員のアドレスが受信者に表示されます。なお、受信者にアドレスを表示させたくない場合には、BCC（ブラインドカーボンコピー）を使用します。

c（誤）―送信した相手が確実に電子メールを開いて読むかどうかはわかりません。重要な用件や緊急な用件を電子メールで送信した場合は、電話や対面などで確認する必要があります。

（5）ウ（第２編第２章第４節）

a（正）―頭語と結語として、「拝啓」と「敬具」、「前略」と「草々」は正しい組み合わせです。そのほか、とくに丁重な場合は、「謹啓」と「敬白」を用い、急ぎの場合は「急啓」と「草々」を用います。

b（誤）―「各位」は一定範囲の個人あてに使う敬称です。会社・団体あての敬称は「御中」を使います。

c（誤）―一般的に、前文では先方の繁栄を祝福することばや平素の感謝を表すことばを述べ、末文では愛顧を願うことばでまとめます。

（1）イ（第2編第5章第3節）

a（所有）・b（アナログ）―本文1段目14行目に、「『所有する』ことの価値やアナログ独特の音質が見直され、レコードブームが世界で再燃している」とあります。

c（若い世代）―本文2段目後ろから7行目に、「フィルムならではの風合いを新鮮に感じた若い世代で人気が広がった」とあります。

（2）ア（第2編第5章第3節）

ア（正）―リード文8行目に、「状態のよいレア物など宝の山が眠る日本はまさに現代の『黄金の国・ジパング』だ」とあり、本文3段目6行目に、「『タイよりも品ぞろえが豊富で、一目で丁寧に扱われてきたことが分かる』」とあり、選択肢と合致します。

イ（誤）―リード文1行目に、「アナログ製品の魅力を再評価する『レトロブーム』が世界で広がるなか、インバウンド（訪日外国人）消費でも1980～90年代に人気を博したレコードやカメラ、ゲームの中古品の人気が高まっている」とあり、選択肢の「1960～1970年代」と合致しません。

ウ（誤）―本文1段目後ろから3行目に、「円安もあいまって、豊富な品ぞろえと値ごろ感が訪日客の購買意欲をかきたてる」とあり、選択肢の「円高」と合致しません。

（3）ア（第2編第5章第3節）

ア（正）―本文2段目1行目に、「バブル景気に沸き、その名残があった1980～90年代は海外の大物アーティストの来日公演が相次いだ」とあります。

イ（誤）―本文3段目14行目に、「売れ筋は80～90年代のフィルムカメラだ」とあり、「1970～1980年代」は誤りです。

ウ（誤）―本文5段目3行目に、「特に売れ筋なのが『スーパーファミコン』や『メガドライブ』のソフトだ。プレミアが付いた商品は、発売当時の新品価格の10倍以上に高騰しているものもある」とあり、「コロナ前の10倍以上」は誤りです。

（4）ア（第2編第5章第3節）

ア（正）―本文1段目1行目にタワーレコード渋谷店についての記述があり、本文1段目後ろから7行目に、「レコードの売り上げも訪日客の比率が高まり、12月は約3割、今年1月は約4割を占めた」とあり、選択肢と合致します。

イ（誤）―本文3段目10行目に、「クラシックカメラモリッツ（東京・渋谷）は今や『来店客の7割が外国人だ』」とあり、選択肢の「売り上げの7割」と合致しません。

ウ（誤）―本文4段目後ろから5行目に、「ゲーム探偵団（大阪市）では、外国人客はコロナ前の7割程度に回復しているという。『最近では来店客の半分を外国人が占める』」

とあり、選択肢の「来店客の７割程度を外国人が占めている」と合致しません。

(5) ウ（第２編第５章第３節）

ア（誤）—「月間訪日客数」のグラフから、2019年の訪日客数は、月間250万人前後であることが読み取れ、選択肢の「年間250万人前後」と合致しません。

イ（誤）—「月間訪日客数」のグラフから、世界で新型コロナウイルスの感染が拡大した月の訪日客数は100万人程度に急減しましたが、その月は2020年の２月であることが読み取れ、「2020年１月」と合致しません。

ウ（正）—「月間訪日客数」のグラフから、2022年10月に日本の入国規制が緩和されて以来、訪日客数は急増し、2023年１月には約150万人までに回復したことが読み取れます。

(1) ウ（第１編第４章第３節）

ア（誤）—田中は、顧客が希望する商品の在庫が不足する経験は初めてであり、対処方法がわからない状況です。独断で回答せず、先輩の山口や上司に相談して数量を調整したうえで、取引先が希望する数量と納入日で出荷可能かを回答します。

イ（誤）—電話を保留にすると、長い間お客さまを待たせることになります。また、問い合わせ内容は、山口とお客さまとの打ち合わせを中断させるほどの緊急性はないため、山口に相談するのは、不適切です。電話では折り返し回答する約束をして、山口にはお客さまとの打ち合わせが終わったあとに相談します。

ウ（正）—まず、在庫が不足している状況を説明し伝え、その場で回答できない問い合わせのため、内容を再度確認して、折り返しの連絡をすることは、適切な対応です。

(2) イ（第２編第４章第２節）

在庫表と入出庫予定表より、２月８日の在庫数は、2/5の在庫数500 + 2/6の入庫予定数1,500 + 2/7の入庫予定数1,500 + 2/8の入庫予定数1,500 = 5,000と、ネクストが希望する１回分の納品数量5,000になるため、２月８日に１回目の出荷が可能です（ア・イ）。

２月８日に5,000を出荷すると、在庫は０になります。２月13日の在庫数は、2/8の在庫数０ + 2/9の入庫予定数1,500 − 2/9の出庫予定数1,000 + 2/12の入庫予定数2,000 + 2/13の入庫予定数2,000 = 4,500、２月14日の在庫数は、2/13の在庫数4,500 + 2/14の入庫予定数2,000 = 6,500と、ネクストが希望する１回分の納品数量5,000を上回るため、２月14日に２回目の出荷が可能です（イ）。

(3) ア（第１編第４章第３節）

ア（正）—仕事が予定どおり進んでいないときは、すぐに上司に連絡・報告をします。中山に、急ぎの依頼という他部署に負担をかけることを詫びたうえで、期限を指定して資料の提出を依頼します。

イ（誤）—自社のホームページや技術部が社内に配信している電子メールを調べることは、山口の指示である「技術部の中山さんから必要な技術情報を集めてください」に沿った対応ではありません。

ウ（誤）—「事前打ち合わせの準備が遅れてしまったことをただちに遠藤と山口に報告」することは適切です。しかし、企画会議に必要な技術情報の収集は田中に指示されたもので、責任をもって実行するべきであり、山口に資料の準備を依頼することは不適切です。

（4）イ（第２編第２章第３節）

a（会議の参加者）—議事録には、「開催日時」「開催場所」の後に「会議の参加者」を記載します。「当社製品の過去半年の売上状況」は、報告すべき企画会議での決定事項ではありません。

b（今後の展開）—「新素材Xを軸としてコラボレーションTシャツを開発する」「新素材Xの価格、供給時期について提案する」は、「競合他社の状況」「コラボレーションTシャツの出荷スケジュール」ではなく、「今後の展開」が適切です。

（5）ウ（第１編第２章第３節、第１編第４章第３節）

ア（誤）—立てたスケジュールどおりに仕事を進めることは重要ですが、仕事の正確性も重要です。在庫数の集計が間違っていれば、約束どおりに出荷できず、取引先に迷惑をかけるだけでなく、自社の信頼を失いかねません。

イ（誤）—「社内のすべての人が効率的に働けるようにする」ことを心がけることは大切ですが、社内の業務という理由で優先することは不適切です。納期や重要性を考慮して、適切に業務の優先順位を決めます。また、自分一人では納期に間に合わない場合は、早めに上司に相談する必要があります。

ウ（正）—田中は、期限が最も早く優先度が高い技術部の中山への技術情報の資料の依頼を後回しにしてしまい、業務の優先順位の管理ができていませんでした。仕事は、期日を意識し、計画的に、優先順位を確認しながら進めることは、改善すべき点として適切です。

（1）ウ（第２編第４章第３節）

a（2021年）—2020年から2022年のZ社の売上高は次のとおりです。

2020年：7,000万円（「1-3月」2,500万円＋「4-6月」1,500万円＋「7-9月」1,000万円＋「10-12月」2,000万円）

2021年：7,700万円（「1-3月」2,800万円＋「4-6月」1,300万円＋「7-9月」1,400万円＋「10-12月」2,200万円）

2022年：7,500万円（「1-3月」2,700万円＋「4-6月」1,500万円＋「7-9月」1,100万円＋「10-12月」2,200万円）

したがって、売上高が最も大きいのは2021年です。

b（1-3月）—2020年から2022年の売上高の最も大きい時期は、2020年（2,500万円）、2021

年（2,800万円）、2022年（2,700万円）と、「1-3月」です。

c（1,600万円）—2022年で最も売上高の大きいのは、「1-3月」で2,700万円、最も売上高が小さいのは、「7-9月」で1,100万円です。その差は、1,600万円（2,700万円－1,100万円）です。

（2）イ（第２編第４章第３節）

ア（誤）—2021年の宿泊客数は3,500人、2020年の宿泊客数は3,500人で、増加数は０人です。

イ（正）—宿泊客数は、2020年が3,500人、2021年が3,500人、2022年が3,850人で、最も多いのは2022年です。2022年の宿泊客数は、2021年に比べ、350人（3,850人－3,500人）増加しており、2021年の宿泊客数の10％（350人÷3,500人×100）の増加です。

c（誤）—2020年から2022年の客単価は次のとおりです。

2020年：2.0万円（売上高7,000万円÷宿泊客数3,500人）

2021年：2.2万円（売上高7,700万円÷宿泊客数3,500人）

2022年：約1.9万円（売上高7,500万円÷宿泊客数3,850人）

2022年の客単価は約1.9万円で、３年間で最も低くなっています。

（3）ア（第２編第４章第３節）

a（正）—2020年から2022年の29歳以下の割合は、2020年が10％、2021年が10％、2022年が20％です。2020年と2021年では変化はなく、2022年と2021年を比較すると２倍（20％÷10％）に増えています。

b（誤）—2020年から2022年の50歳以上の宿泊客の割合は、次のとおりです。

2020年：50％（「50歳～69歳」40％＋「70歳以上」10％）

2021年：60％（「50歳～69歳」40％＋「70歳以上」20％）

2022年：50％（「50歳～69歳」30％＋「70歳以上」20％）

３年間のすべてにおいて「50歳～69歳」の年齢層の割合は大きいですが、50歳以上が60％以上を占めているのは2021年のみです。

c（正）—2021年と2022年の「30歳～49歳」と「70歳以上」の年齢層の割合は次のとおりです。

2021年：「30歳～49歳」30％、「70歳以上」20％

2022年：「30歳～49歳」30％、「70歳以上」20％

「30歳～49歳」と「70歳以上」の年齢層の割合に変化はありません。

（4）ウ（第２編第４章第３節）

ア（誤）—2020年の「70歳以上」の宿泊客数は350人（宿泊客数3,500人×10％）、「50歳～69歳」の宿泊客数は1,400人（宿泊客数3,500人×40％）です。差は1,050人（1,400人—350人）です。

イ（誤）—2020年から2022年の「30歳～49歳」の宿泊客数は次のとおりです。

2020年：1,400人（宿泊客数3,500人×40％）

2021年：1,050人（宿泊客数3,500人×30％）

2022年：1,155人（宿泊客数3,850人×30％）

「30歳～49歳」の宿泊客数は、2021年から2022年は増加しています。

ウ（正）—2020年から2022年の「10月-12月」の売上高の割合は次のとおりです。

2020年：約28.6%（2,000万円÷7,000万円×100）

2021年：約28.6%（2,200万円÷7,700万円×100）

2022年：約29.3%（2,200万円÷7,500万円×100）

「10月-12月」の売上高の割合は、毎年、売上高全体の25%以上を占めています。

（5）イ（第2編第4章第3節）

ア（誤）—2020年から2022年の「29歳以下」の宿泊客数は次のとおりです。

2020年：350人（宿泊客数3,500人×10%）

2021年：350人（宿泊客数3,500人×10%）

2022年：770人（宿泊客数3,850人×20%）

「29歳以下」の宿泊客数は、2020年と2021年で同数であり、毎年増加はしていません。毎年増加していて、3年間で2倍以上の宿泊客数になったのは「70歳以上」です。

2020年から2022年の「70歳以上」の宿泊客数

2020年：350人（宿泊客数3,500人×10%）

2021年：700人（宿泊客数3,500人×20%）

2022年：770人（宿泊客数3,850人×20%）

イ（正）—2020年と2022年の「50歳～69歳以下」の宿泊客数は次のとおりです。

2020年：1,400人（宿泊客数3,500人×40%）

2022年：1,155人（宿泊客数3,850人×30%）

2022年の宿泊客数は2020年に比べ、17.5%（(1,400人－1,155人＝245人)÷1,400人×100）と15%以上減少しており、「50歳～69歳以下」の宿泊客数の回復を目指す方針は適切です。

ウ（誤）—2021年と2022年の売上高に占める「7-9月」の売上高の割合は次のとおりです。

2021年：約18.2%（「7-9月」1,400万円÷7,700万円×100）

2022年：約14.7%（「7-9月」1,100万円÷7,500万円×100）

2022年の売上高に占める「7-9月」の売上高の割合は、2021年に比べて減っているため、誤りです。2021年と比較して売上高に占める割合が増えている時期は、「4-6月」「10-12月」です。

「4-6月」2021年：約16.9%（1,300万円÷7,700万円×100）

「4-6月」2022年：20.0%（1,500万円÷7,500万円×100）

「10-12月」2021年：約28.6%（2,200万円÷7,700万円×100）

「10-12月」2022年：約29.3%（2,200万円÷7,500万円×100）